Christoph Emmelmann

Das kleine Lachyoga Buch

Mit Lach-Übungen zu Glück und Entspannung

Deutscher Taschenbuch Verlag

Originalausgabe
August 2007

www.dtv.de

Umschlagkonzept: Balk & Brumshagen
Umschlagfoto: gettyimages/White Cross Productions
Satz: Greiner & Reichel, Köln
Gesetzt aus der Stone Serif 8,5/12,5'
Druck und Bindung: Druckerei C. H. Beck, Nördlingen
Gedruckt auf säurefreiem, chlorfrei gebleichtem Papier
Printed in Germany · ISBN 978-3-423-34429-6

Inhalt

Nicht der Tage erinnern wir uns,
sondern der Augenblicke im Leben.
Deshalb schenke,
wann immer es geht, ein Lächeln.
Was du aussendest, kehrt zu dir zurück.

Vorwort von Anne Koark

Wie oft habe ich heute schon gelacht? Eine Frage, die wir uns selten stellen, die aber enorm wichtig ist. Einem deutschen Sprichwort zufolge steigert Lachen den Wert eines jeden Gesichtes. Und nur wer einem anderen eine Freude macht, lernt selbst die Freude kennen.

In unserem schnelllebigen Alltag sind wir daran gewöhnt, Ziele abzustecken, diese zu erreichen und uns anschließend neue Ziele zu setzen. Wir versuchen, ein professionelles Bild von uns zu präsentieren und einer Norm zu entsprechen, die von der Gesellschaft als wünschenswert angesehen wird. Wir rasen von Termin zu Termin und in all dieser Hektik vergessen wir uns selbst. Im Zeitalter der Wellness, bei der das höchste Prinzip ein verlängertes Leben mit besserem Aussehen ist, ist der Mensch bestrebt, so alt wie möglich zu werden. Aber warum soll ein langes Leben Vorrang über ein glückliches Leben haben? Die erste Art der menschlichen Kommunikation ist das Lächeln eines Babys. Lachen und lächeln sind Urinstinkte, die wach werden, uns beschützen und uns bereichern, die wir im Laufe des Erwachsenseins einfach vergessen. Das muss sich ändern.

Christoph Emmelmann hat sich mit seinem Buch über das Lachen auf einen Weg gemacht, der schon von Immanuel Kant als wichtig empfunden wurde:

Der Himmel hat den Menschen als Gegengewicht gegen die vielen Mühseligkeiten drei Dinge gegeben: die Hoffnung, den Schlaf und das Lachen.

Immanuel Kant

Mit seinem Buch zeigt Christoph Emmelmann uns nicht nur, wie wir ein fröhlicheres Leben haben können, sondern er zeigt uns auch, wie wir durch das Lachen unser eigenes Leben und auch das anderer Menschen gesünder machen können. Denn es ist bewiesen, dass das Lachen die Funktionsfähigkeit aller Organe durch erhöhte Sauerstoffzufuhr verbessern kann. Endlich eine Medizin, die Spaß macht!

Humor ist die Medizin, die am wenigsten kostet und am leichtesten einzunehmen ist.

Giovanni Guareschi

Christoph Emmelmann überzeugt mit gelebtem Lachen, denn er ist Lachyoga-Therapeut und Ausbilder, Trainer für Stressmanagement, Autorisierter Ausbilder des Verbandes der deutschen Lach-Yoga-Therapeuten e. V., Vorstand von HumorCare Deutschland e. V. (www.humorcare.com) und der Gründer der ersten Lachschule in München. Als Betriebswirt des Handwerks war er über zehn Jahre selbstständig im Baumanagement tätig und musste sich aufgrund des Alltagsstresses einer Herzoperation unterziehen. Kurz danach entdeckte er das Lachen als Heilmittel und als Bereicherung seines Lebens. Seine Vorträge kennzeichnen sich durch lautes Gebrüll und Tränen des Glücks beim Publikum. Mit seinem Buch geht er den nächsten Schritt, in dem er uns einen Leitfaden für das tägliche Lachen zur Verfügung stellt. Und lachen ist bekanntlich ansteckend. Ein Virus, der uns und unsere Umgebung bereichert. Als Engländerin mit britischem Humor kann ich Christoph Emmelmanns Vision eines lachenden Deutschlands nur unterstützen. Denn mit einem Lächeln wird alles leichter!

Ich wünsche jedem Leser dieses einmaligen Buches ein glücklicheres und damit wertvolles Leben!

Ihre

Anne Koark

www.anne-koark.com

Einleitung

Die Vögel zwitschern. Es ist ein etwas trüber Tag, Juni 2001. Ich liege im Bett des Deutschen Herzzentrums und habe viel, viel Zeit zum Nachdenken. Während ich hier liege, frage ich mich, wer ich bin und was mich im Leben wirklich glücklich macht. Ich bin im Krankenhaus, weil ich meine körperlichen Signale überhört habe, wie zum Beispiel monatelanges schmerzendes Ziehen im Rückenbereich der Schulter oder später eine schwere bakterielle Entzündung, die ich mit Aspirin verschleppte. Das alles hat dazu geführt, dass ich mit einer vorbelasteten Herzklappe, die ich mir durch eine Lungenentzündung in der Jugend zugezogen hatte, nun für eine neue Herzklappe in der Intensivstation antreten muss.

Als ich im Krankenhaus lag, kam mir immer wieder in den Sinn, dass ich gut fünfunddreißig Jahre vor meiner Einlieferung ins Krankenhaus ein richtiges munteres Kerlchen gewesen war. Ich genoss jeden Tag, sprang über alle Büsche und Sträucher, bis die Hosen zerrissen waren und meine Mutter deswegen immer wieder mit mir schimpfte. Aber alle diese Ermahnungen konnten mich nicht davon abhalten, meine Freiheit zu genießen, Spaß zu haben, mich zu bewegen, kreativ zu sein – ja, letztendlich Lebensfreude pur zu empfinden.

Ich erinnere mich, dass der Ernst des Lebens begann, als ich eine Lehre zum Flugzeugmechaniker machte. Es waren nicht die Arbeit an sich oder die Notwendigkeit, pünktlich zu sein, die mir diesen Ernst vermittelten. Es war das erste Mal, dass ich mir Gedanken um meine Zukunft machte und

Verantwortung für mich und meine Zukunft übernehmen musste – Dinge, um die man sich als Kind natürlich noch nicht zu kümmern braucht. Lebensfreude, Kreativität, Spaß und Freiheit waren noch da, vielleicht etwas eingeschränkter, aber noch reichlich. Was sich aber veränderte, waren die Gedanken. Sie waren nicht mehr so frei und nicht mehr so unbekümmert. Schließlich musste doch die Zukunft gestaltet werden!

Als diese Zukunftsgedanken auftauchten, orientierte ich mich automatisch an meinem Umfeld und der Erziehung. Das heißt, ich verhielt mich entweder genauso oder ich versuchte das Gegenteil von dem zu machen, was meine Eltern taten. Es schien nicht vereinbar zu sein: einerseits in die Zukunft zu schauen und sich orientieren zu müssen und andererseits Spaß am Leben zu haben und es zu genießen. Je mehr ich mich um die Zukunft kümmerte, desto weniger lachte ich und desto weniger freudige Situationen gab es in meinem Leben. Unsere Ausbilder waren streng, sie stellten Respektspersonen dar und ließen uns nicht viel Platz für Freude. In ihren Augen zählte nur die Leistung. Und bevor ich mich versehen konnte, befand ich mich im Strudel des Erwachsenseins und im Gestalten der Zukunft. Und je älter ich wurde, desto freudloser wurde der Alltag und desto größer wurde die Verantwortung. Nun hieß es: eine Wohnung mit der Freundin zu mieten, eine Meisterprüfung zu absolvieren, Studium zum Betriebswirt des Handwerks, Niederlassungsleiter, berufliche Selbstständigkeit, Heirat und schließlich ein Konkurs und eine Scheidung – und als Folge all dessen fand ich mich schließlich im Krankenhaus wieder.

Moment! Da stimmt doch etwas nicht: fünfundzwanzig Jahre Zukunft gestaltet … mehr Leistungsdruck als Freude und Lachen, und das Resultat: Schmerzen, Zukunftsangst und wenig Perspektiven? Was ist da schiefgelaufen?

Während ich im Krankenhaus liege, und auch in den darauffolgenden Monaten, erfahre ich, dass ich nicht der Einzige bin, der eine solche Geschichte erlebt hat. Es gibt unendlich viele solcher Geschichten. Vielleicht ist dies gerade die Herausforderung des Lebens: Dass unser Leben eben nicht zu einer solchen Geschichte wird. Was mir an mir selbst und durch viele Gespräche mit Mitarbeitern aufgefallen ist, ist, dass die meisten Menschen, sobald sie sich in diesem Strudel des Denkens an die Zukunft oder Vergangenheit verlieren, ihre Lebensqualität und Lebensfreude herunterschrauben und oftmals sogar krank werden. Das Lachen verliert sich allmählich – beim einen mehr, beim anderen weniger. Aber auch unsere Aufmerksamkeit im Umgang mit anderen Menschen und mit der Natur verliert sich. Und je weniger Lebensfreude wir empfinden, desto mehr unterdrücken wir unsere Gefühle wie z. B. Wut, Ärger, Angst oder Ohnmacht und kompensieren sie durch Rauchen, Alkohol, Fernsehen, Freizeitstress oder anderes. Die kleinen Dinge, die uns das Leben versüßen, treten in den Hintergrund. Wir hetzen von einem Termin zum anderen, von einer Freizeitaktivität zur anderen. *Bis unser Körper schreit: Wann bin ich jetzt endlich mal dran und nicht meine Zukunft?*

Während ich also im Krankenhausbett lag, fiel mir auf, dass ich mit meinen Gedanken wieder in der Vergangenheit oder Zukunft war. Irgendwann fragte ich mich, *was wohl mein nächster Gedanke sein wird.* Volltreffer: Es kam kein nächster Gedanke! Ich war durch diese Frage in der Gegenwart. Jetzt fiel mir auf, dass auch die Vergangenheit und Zukunft immer in der Gegenwart sind und immer sein werden. Warum liege ich im Bett und bin nachdenklich, wenn ich doch mehr Lebensfreude suche? Stattdessen könnte ich genauso wie früher Späße machen – selbst dann, wenn ich Schmerzen habe. In diesem Moment entschied ich mich, mit meinen Gedanken nicht mehr so viel in der Vergangenheit oder Zukunft zu sein. Stattdessen versuchte ich, jede Gelegenheit zu nutzen, um im Krankenhaus und danach in der Rehaklinik ein Gefühl von Lebensfreude in mir und um mich herum zu erzeugen und zu verbreiten. Sei es bei den Schwestern mit einer umgeänderten Schlagzeile aus der Zeitung, oder indem ich Geschichten von witzigen Patienten aufgriff oder mich mit jüngeren Patienten umgab, die viel lockerer und fröhlicher waren als ich. Ich wollte Freude und Spaß, auch in meiner Situation. Im Fernsehen suchte ich mir alte Sendungen heraus, über die ich früher gelacht hatte, oder rief Freunde an und ließ mir positive Dinge oder Witze erzählen. Frisch entlassen aus der Rehaklinik stand ich ohne Wohnung da. Ich hatte meine alte Wohnung noch vor der Herz-OP gekündigt und durch den Krankenhausaufenthalt keine Möglichkeit, mich um eine neue Wohnung zu kümmern. Ich blieb in der Gegenwart, kaufte mir ein kleines Zelt und übernachtete auf dem Campingplatz. Ich hatte Glück mit dem Wetter, es war mittlerweile September. Zwischendurch schoss mir meine Situation wieder durch den Kopf: arbeitsunfähig, keine Wohnung. Wie wird meine

Zukunft aussehen? In solchen Momenten besann ich mich darauf, in der Gegenwart zu bleiben. Ich wusste, wenn ich aus der Gegenwart das Beste mache und trotz aller Umstände freudig gestimmt bin, sieht die Zukunft ähnlich aus. *Aus einem einfachen Grund: Die Zukunft wird auch Gegenwart sein.*

Mein körperlicher Zustand besserte sich zusehends und ich konnte wieder langsam beginnen zu arbeiten. Eine Wohnung kam, und trotz großer Schwierigkeiten gelang es mir, meine positive und optimistische Stimmung beizubehalten. Immer, wenn ich in die alten Gedankenmuster verfalle, besinne ich mich auf die Gegenwart. Ich stelle fest, dass es durch stetige Wiederholung möglich ist, eine positive Grundeinstellung in mir zu erzeugen und beizubehalten.

Die Entdeckung: Lachyoga

Ich denke, es war kein Zufall, dass mich eine Freundin im November 2002 zu einem Lachabend in einen Münchner Lachclub einlud. Hier erlebte ich, wie sich fünfzehn fremde Menschen innerhalb von kürzester Zeit unter Anleitung durch Lachyoga-Techniken, die aus Indien kommen, zusammen köstlichst amüsierten und in eine total entspannte und fröhliche Stimmung kamen. Das ist mir noch nie in dieser Art und Weise begegnet. Ich fühlte mich körperlich so wohl wie lange nicht mehr. Wir beschlossen, in der darauffolgenden Woche wieder zu den wöchentlichen Treffen zu gehen. Es waren etwas andere Personen da, aber das Ergebnis war dasselbe: Die Stimmung war nach kurzer Zeit wieder total offen, fröhlich, entspannt und es wurde wieder herzlich gelacht. So ausgelassen und viel habe ich schon lange nicht mehr gelacht. Nun kam mein Unternehmergeist zum Tragen. Das wollte ich auch machen: andere Menschen zum Lachen bringen und selbst mitlachen. Gesagt, getan. Ich mietete ein Tanzstudio im Münchner Osten, rief Freunde an und veranstaltete mit zwölf Bekannten meinen ersten Lachabend. Ich machte einfach die Übungen nach, die ich auch als Teilnehmer gemacht hatte. Es klappte! Wir kannten uns zwar alle, aber jeder meiner Freunde bestätigte, schon lange nicht mehr so gelacht zu haben. Ich machte weiter und organisierte jede Woche einen Lachabend. Es sprach sich rum und immer mehr Leute kamen, auch Fremde. Ich wusste nun: Das ist meine Berufung! Lachen und Freude im Jetzt, in der Gegenwart zu verbreiten! Es folgte die Ausbildung zum Lachyoga-Therapeuten, danach Trainer für Stressmanagement. Meine ganze Erfahrung aus meinem bisherigen Berufsleben kann ich hier einsetzen: Wie sind Menschen? Wie funktionieren sie? Und wie kann man helfen, Probleme zu bewältigen, bzw. Hilfe zur Selbsthilfe geben? Durch viele Mitarbeitergespräche habe ich erfahren, dass es oft ausreicht, dem anderen offen und ehrlich zuzuhören und ihm als Spiegel zu dienen. Die Antwort weiß derjenige meistens selbst.

Ich gab in Fitnessstudios Schnupperabende, mit darauffolgenden Kursen, die meist über sieben Wochen gingen, einmal pro Woche eine Stunde. Was ich hier feststellen konnte, war wirklich erstaunlich. Es kommen Menschen aus allen Schichten, unterschiedlichsten Alters, jeder körperlichen Konstitution, Männer wie Frauen, vom Rentner bis zur Führungskraft, und sie alle entdecken, wie gut ihnen Lachyoga tut. Es entspannt sofort, durch die kombinierten und unbewusst spielerisch erzeugten Atem- und Dehnübungen entspannen sich die verkrampften Muskelpartien, Hemmungen werden abgebaut und Blockaden gelöst. Ich bekomme sehr gute Feedbacks von den Teilnehmern, sie berichten, dass sie auch im Alltag wieder fröhlicher werden. Sie trauen sich wieder, mehr zu lachen. Auch bei Teilnehmern, die vorbelastet sind, treten teilweise erstaunliche Besserungen ihres körperlichen Zustandes auf, von der Verringerung von Tinnitusbeschwerden über die Stabilisierung der Blutzuckerwerte bei Diabetikern bis hin zur Blutdruckstabilisierung und Blutdrucksenkung bei Bluthochdruckpatienten, der Besserung des Zustands bei Depression, Angst, psychosomatischen Erkrankungen, Sprachproblemen und Schlaganfällen. Auch bei Schmerzpatienten sind Verbesserungen zu beobachten. Vor allem der soziale Kontakt in der Gruppe bewirkt, dass die Teilnehmer wieder offener werden, die Hemmungen, sich nicht so zu geben, wie man ist, schwinden nach und nach. *Jeder darf so sein, wie er ist.* Alle wollen einfach fröhlich sein und die positiven Wirkungen des Lachens, Atmens und Dehnens genießen. Die eigene Grundstimmung im Leben positiv verändern, genau das passiert bei regelmäßigem Training mit Lachyoga. Um den Rahmen hierfür zu schaffen, gründete ich am 2. März 2005 die »Erste Münchner Lachschule«. Hier wird das Thema Lebensfreude durch Lachyoga-Kurse und -Seminare vermittelt.

Beim Lachen über uns selbst bekommt unser Problem ein Problem und alte Denkmuster lösen sich Stück für Stück auf. Durch die Erfahrungen und das Feedback von Hunderten von Teilnehmern entwickelte ich das Seminar »Lebe dein Lachen«. Hier erkennen wir, wie sehr wir häufig eingefahrene Muster aus unserer Vergangenheit leben, die uns den Weg zu mehr Offenheit, Fröhlichkeit und Lebendigkeit blockieren. Machen wir uns dies bewusst, können wir Dinge, die uns blockieren, loslassen und holen uns damit wieder mehr Lebensqualität ins Leben, und vor allem mehr Humor, Freude und gesundes Lachen. Da auch zunehmend Selbstständige und Führungskräfte zu den Lachyoga-Kursen kommen, kam ich zu dem Thema »Management by Freude – die Führungskompetenz im neuen Jahrtausend, Quelle von Produktivität und Kreativität« und konzipierte hierzu einen Vortrag und einen Kurzworkshop, den Firmen buchen können. Klar ist, dass mich eine große Lebenskrise zu diesem Thema geführt hat, *die mich gelehrt hat, niemals aufzugeben* und vor allem in der Gegenwart zu leben. Denn *nur* in der Gegenwart findet das Leben statt. Wenn wir hier unser Licht leuchten lassen, das in jedem Menschen steckt, wird sich unsere Zukunft dementsprechend entwickeln, ohne dass wir alles bis ins Detail planen müssen. Außerdem geht es darum, sich bewusst zu entscheiden und zu wählen, jeden Tag aufs Neue, unser Leben neu zu gestalten, so, wie wir das gerne möchten.

Lassen Sie sich von diesem Buch inspirieren. Lachen Sie einfach drauflos und spüren Sie, wie schön und entspannend es ist, zu lachen. Verändern Sie sich jetzt!

In einem meiner Seminare gibt es eine Übung, die heißt »Die Hunde bellen und die Karawane zieht vorbei«. Bezogen auf unser Leben bedeutet das, dass es immer Menschen und Umstände geben wird, die uns nicht das tun lassen wollen, was wir gerne möchten. Seien Sie sich hingegen bewusst, dass es darauf ankommt, dass Sie selbst entscheiden können, wie viel Freude Sie im Leben haben. Holen Sie sich deshalb mehr Lebensfreude, mehr Lebendigkeit und mehr Humor in Ihr Leben! Lachen Sie einfach mit, mit sich selbst und anderen Menschen. Wie sagte schon Charlie Chaplin: »Jeder Tag, an dem du nicht lächelst, ist ein verlorener Tag.« Ich dichte das Ganze etwas um: »Jeder Tag, an dem du lachst, ist ein gewonnener Tag.« Dass Sie jeden Tag zu einem gewonnenen Tag machen – das wünsche ich Ihnen von ganzem Herzen. Viel Spaß beim Lesen und Lachen!

Christoph Emmelmann

Die wundersame Kraft des Lachens entdecken

Lachen besitzt keine Sprache, kennt keine Grenzen, unterscheidet nicht zwischen Herkunft, Bildung, Religion oder Hautfarbe. Lachen ist einfach der Ausdruck eines starken Gefühls von Lebensfreude. Lachen besitzt alle Zutaten, um die Menschen und damit die Welt zu vereinen. Lachen steht jedem Menschen hier und jetzt sofort zur Verfügung.

Doch nicht jeden Tag können wir über Witze lachen und der Sinn für Humor ist nicht jedermanns Sache. Die Frage lautet also: Wie lache ich?

Dieser Frage wollen wir in diesem Buch nachgehen und die wundersame Kraft des Lachens und damit mehr Lebensqualität entdecken. Machen Sie am besten gleich hier und jetzt mit und legen Sie dieses Buch ruhig öfters beiseite, um die Übungen sofort auszuprobieren, oder nehmen Sie es mit, um gemeinsam mit Ihren Freunden oder Arbeitskollegen zu üben und natürlich von Herzen zu lachen. Es wird Ihnen ein wertvoller Wegbereiter und Wegbegleiter für mehr Lebensfreude, Humor und Wohlbefinden sein.

Schon der Volksmund sagt in Deutschland »Lachen ist die beste Medizin« und in Italien »Lachen macht gutes Blut«. Aber auch die Wissenschaft entdeckt die positive Wirkung des Lachens und erkennt, dass Lachen gut für Körper und Geist ist. So wurden in den letzten Jahren weltweit umfassende Forschungen durchgeführt, die beweisen, dass Lachen sich positiv auf verschiedene Systeme im Körper auswirkt, wie zum Beispiel auf das Immunsystem, auf den Verdauungstrakt, auf den Stoffwechsel und auf die Atmung. Mittlerweile gibt es sogar einen eigenen Wissenschaftszweig, die »Gelotologie«, die ausgiebig das »Lachen« und seine Wirkungsweise auf den menschlichen Organismus erforscht. Rund zweihundert Ärzte, Soziologen und Psychologen beschäftigen sich weltweit mit der Lachforschung und sind davon überzeugt, dass Lachen sowohl einen vorbeugenden wie auch einen sehr hohen therapeutischen Wert hat. (Die genauen Wirkungen sind in einem gesonderten Kapitel beschrieben.)

Aber viele Menschen haben das »Lachen« verlernt oder vergessen! Einer Studie des deutschen Psychologen Dr. Michael Titze zufolge haben die Menschen in den Fünfzigerjahren achtzehn Minuten am Tag gelacht. Heute lachen wir gerade mal sechs Minuten am Tag, obwohl der Lebensstandard enorm gestiegen ist. Bei Kindern ist das anders. Kinder lachen bis zu vierhundertmal täglich. Je älter wir werden, desto weniger scheint uns das Leben lustig zu erscheinen, denn dann verringert sich die Zahl der »Lacher« auf nur ca. fünfzehn pro Tag.

Die Ernsthaftigkeit, die das Leben der Erwachsenen anscheinend mit sich bringt, lässt auch unseren Sinn für Humor schwinden. Dinge, über die wir vor dreißig Jahren noch herzhaft lachen konnten, rufen heute nicht einmal mehr ein Lächeln hervor. Ein Grund dafür ist der stressige Alltag, der für viele Menschen zu einer chronischen Dauerbelastung in der heutigen Zeit geworden ist. Das Ergebnis ist offensichtlich: In öffentlichen Verkehrsmitteln sind die Menschen in sich vergraben, Kommunikation findet nicht statt, es gibt kaum Augenkontakt oder mal ein freundliches Wort, geschweige denn ein Lachen. Die schlechte Stimmung lässt sich an den Gesichtern der Menschen ablesen. Auch stressbedingte Krankheiten sind weiter auf dem Vormarsch. Aus diesen Gründen hat der Vater des Lacherfolges, der indische Arzt Dr. Madan Kataria, Mitte der Neunzigerjahre ein Gesundheitsmagazin herausgegeben und schrieb einen Artikel mit dem Thema »Lachen ist die beste Medizin«. Er entwickelte in den folgenden Jahren das heutige »Lachyoga«. Mittlerweile begegnen sich weltweit Menschen, die das »Lachen« nicht nur als Reaktion auf eine komische Situation oder einen Witz betrachten, sondern auch als Mittel zur Erhaltung und Förderung der Gesundheit und des allgemeinen Wohlbefindens nutzen.

Heute gibt es weltweit mehr als fünftausend Lachvereinigungen und in Deutschland mittlerweile über fünfzehn Lachschulen, die nach Katarias Methode arbeiten. So wird auch dem Lachen als therapeutischer Maßnahme weltweit immer größere Beachtung geschenkt.

Das Prinzip der Spannung und Entspannung

Lachen basiert auf dem Grundprinzip von *Spannung und Entspannung*. Lachen ist Spannung, Atmen ist Entspannung. Stellen Sie sich einen wunderschön gewachsenen Baum vor. Sie nehmen einen starken Ast in die Hand, drücken ihn nach unten und lassen ihn wieder los. Der Ast schnellt nach oben und geht in seine Ausgangsposition zurück. Wir fördern durch mehr Lachen das natürliche Gleichgewicht zwischen Spannung und Entspannung, das für unser körperliches Wohlbefinden essenziell ist. Dieses Wechselspiel findet in unserer heutigen Gesellschaft kaum noch statt. Durch die chronische Dauerbelastung in unserer Zeit wie Leistungs- und Zeitdruck, Umwelteinflüsse, Lärm, aber auch durch unsere scheinbar unaufhaltsame Gedankenflut fehlt uns dieses Gleichgewicht.

Lachen ist eine sehr leicht zu praktizierende Maßnahme gegen Stress. Lachen stärkt und stimuliert auf natürliche Weise das Immunsystem. Es ist eines der besten Mittel zur Entspannung der Muskulatur. Lachen erweitert die Blutgefäße, senkt den Blutdruck und trägt dazu bei, diesen zu kontrollieren. Es wirkt als natürliches Schmerzmittel. Lachen verbessert die Aufnahmefähigkeit der Lungen und erhöht den Sauerstoffspiegel im Blut, was zur Folge hat, dass die inneren Organe besser versorgt werden. Lachen hilft bei Depressionen, Angst und psychosomatischen Erkrankungen. Da beim Lachen kein bewusster Gedankenprozess stattfindet, verbinden sich alle unsere Sinne auf natürliche und mühelose Weise in einem Augenblick der Harmonie und der

Freude, des Friedens und der Entspannung. Lachen ist Meditation, die sofort wirkt, und jedem jetzt und sofort ohne jegliche Hilfsmittel zur Verfügung steht. Es ist eine ausgezeichnete Übung für die Gesichtsmuskulatur, da extrem viele Gesichtsmuskeln an dem Prozess beteiligt sind. Wenn wir lachen, rötet sich unser Gesicht durch die vermehrte Zufuhr an Blut. Das wiederum nährt die Gesichtshaut und bringt sie zum Leuchten. Lachende Menschen sehen fröhlicher und attraktiver aus und fühlen sich jünger.

»Wir hören nicht auf zu spielen, weil wir älter werden, sondern wir werden alt, weil wir aufhören zu spielen.«

Lachen und Humor

Wenn der Sinn für Humor zum Lachen führt, dann gilt das umgekehrt genauso. Sinn für Humor ist die Fähigkeit des Einzelnen, eine gegebene Situation in einer lustigen und humorvollen Weise wahrzunehmen, in Beziehung zu setzen und zu erfahren. Sinn für Humor ist nicht angeboren. Er ist vielmehr eine Fähigkeit, die durch Übung erworben werden kann. Ein Geschenk, das uns allen allerdings von der Schöpfung mitgegeben wurde, ist ein enormes Lachpotenzial.

Kinder lachen nicht, weil sie Sinn für Humor haben, sondern weil es in der Natur des Kindes liegt, fröhlich zu sein. Wenn Kinder heranwachsen und einer immer größeren Fülle an Informationen ausgesetzt sind, beginnt sich ihr Lachen unter Schichten von Ernsthaftigkeit, Selbstkontrolle, Verantwortung, Angst und Unsicherheit zu verlieren. Das führt dazu, dass eine Situation, die einen als Kind zuvor erstaunte und amüsierte, nun kein besonders positives Gefühl mehr hervorruft. Um Sinn für Humor entwickeln zu können, müssen die Schichten der Hemmungen und geistigen Blockaden wieder beseitigt werden, die durch die Eltern und die Gesellschaft sowie einen selbst geschaffen wurden. Dieses Unterfangen ist, wie wir alle wissen, sehr mühsam. Das »Lachen« kann uns dabei helfen, Sinn für Humor zu entwickeln. Dieses Phänomen ist besonders beim Lachen in der Gruppe zu beobachten. Menschen, die nie lächelten, beginnen durch Lachyoga aus sich herauszugehen, sind kreativer und spielerisch geworden, da sich Hemmungen und Blockaden nach und nach auflösen.

Bedingungen für Lachen und Glück

Wenn wir erwachsen sind, stellen wir Bedingungen an unser Glück, nach dem Motto: Ich bin nur glücklich, wenn ich dies und das oder diesen oder jenen Zustand erreicht habe. Leider gibt es dann nur noch wenige Situationen, die uns zum Lachen bringen, und viele, die uns unglücklich machen. Lassen Sie uns deshalb beginnen, bedingungs- und grundlos zu lachen. Machen wir uns frei von dem Vorurteil, dass man als Erwachsener nur ernst sein darf und sich nur auf diese oder jene Weise zu verhalten hat. Machen Sie sich stattdessen bewusst, dass es viel leichter ist zu lachen, als zu weinen. Machen Sie mit und entdecken Sie »die wundersame Kraft des Lachens« durch Lachyoga.

»Ein großer Mensch ist,
wer sein kindliches Herz nicht verliert«

Mencius

Die Macht unserer Verhaltensmuster

Alle Verhaltensmuster, ob wir sie »gut« oder »schlecht« finden, verfestigen sich mit der Zeit und werden zu Gewohnheiten. Selbst dann, wenn wir es eigentlich nicht möchten und gute Absichten haben. Es sei denn, wir durchbrechen bestimmte Verhaltensmuster, in dem wir bewusst versuchen, sie zu ändern. Wir können handeln, Gewohntes auf ganz neue Weise tun und unser Leben und Verhalten verändern und umgestalten. Aber diese Möglichkeit wird durch eine angeborene Trägheit eingeschränkt, einen Widerstand, der in unseren fundamentalsten körperlichen und geistigen Strukturen begründet liegt und damit zusammenhängt, wie und was wir während unserer Kindheit lernten und wie wir uns an unsere Umwelt anpassen mussten. Dass wir bereits früh bestimmte Verhaltensmuster ausgebildet haben, liegt daran, dass sie uns in bestimmter Weise darin unterstützt haben, zu überleben und geliebt zu werden. So haben wir zum Beispiel als Kleinkinder gelernt, die Welt anhand von bestimmten Verhaltensregeln zu verstehen und uns in ihr zurechtzufinden. Wir haben uns dem Tag- und Nachtrhythmus genauso angepasst wie dem Zeitplan unserer Eltern – auch wenn dies unseren eigenen Rhythmen vielleicht vollkommen widersprochen hat. Wir haben auch viele Verhaltensmuster von unseren Eltern übernommen, ohne uns Gedanken darüber zu machen, ob sie uns entsprechen und uns überhaupt guttun oder ob sie uns vielleicht eher daran hindern, glücklich und zufrieden zu sein.

Die Funktionsmuster oder Gewohnheiten, die wir im Laufe unseres Alltagslebens entwickelt haben, sind normalerweise kein Grund zur Besorgnis, aber dennoch einer näheren Betrachtung wert. Wenn wir bewusst etwas anders machen, um zu sehen, was dabei geschieht, haben wir unter Umständen zunächst ein merkwürdiges oder schlechtes Gefühl und sind gegebenenfalls verunsichert. So zum Beispiel beim Besuch in einer Lachyoga-Stunde, wo wir uns unter wildfremden Menschen wiederfinden. Besonders dann, wenn wir gewohnt sind, im Berufsalltag immer ernst und seriös aufzutreten, können wir dabei verunsichert sein. Dies bestätigt die Macht unserer Gewohnheiten. Im Lachyoga geht es darum, besonders jene Verhaltensmuster zu ändern, die wir als negativ oder zerstörerisch empfinden und gerne verändern würden. Dabei reicht es allerdings nicht aus, wenn wir uns sagen: »Dieses Mal wird es anders« oder »Noch einmal tue ich das nicht« oder »Das nächste Mal mache ich es anders«.

Wie sagte Mark Twain?

Das Rauchen aufzugeben ist das einfachste von der Welt.
Ich habe es schon hundert mal getan.

Ich möchte Ihnen eine kleine Geschichte erzählen, um Ihnen zu verdeutlichen, wie man lernen kann, die Macht der Verhaltensmuster zu durchbrechen. Dieses Beispiel könnte auf jede beliebige Lebenssituation übertragen werden. Die meisten Menschen leben sehr unbewusst, lassen sich von Medien beeinflussen und lenken sich darüber hinaus mit Dingen wie Rauchen, übermäßigem Alkoholkonsum, Freizeit- oder Arbeitsstress ab. Um zu erkennen, wie sehr wir von außen gesteuert werden, ist es natürlich wichtig, dass wir in allen Dingen maßvoll agieren und uns nicht gehen lassen. Aber jetzt zurück zu unserem Beispiel. Bei einer Frau namens Petra hatte sich das Verhaltensmuster verfestigt, Gewicht abzunehmen und dann wieder stark zuzunehmen. Jedes Mal verlor Petra fast acht Kilo. In einer ihrer Schlankheitsphasen gestand sie ihrer Freundin Elfi ihre Angst, wieder Gewicht zuzulegen. Sie teilte Elfi ihren Entschluss mit, diesmal ganz sicher schlank zu bleiben. »Betrachte deine Situation lieber realistisch«, riet ihr die Freundin. »Wolltest du denn das erste, zweite und dritte Mal zunehmen?« »Nein!«, erwiderte Petra. »Dein altes Verhaltensmuster wird dich bald wieder einholen, es sei denn, du tust etwas vollkommen anderes, um es zu durchbrechen!« »Darauf kannst du wetten!«, versicherte Petra ihrer Freundin. Elfi zuckte die Achseln. »Gewohnheiten sind häufig stärker als Vorsätze, Petra. Du musst das Muster unter die Lupe nehmen, warum du immer wieder schwach wirst und zunimmst. Hast du nicht gesagt, dass du immer wieder dann besonders viel zunimmst, wenn du in Situationen kommst, die dich sehr stressen? Wie damals, als du aus dem Haus deiner Eltern rausmusstest. Oder als dir vor einigen Jahren gekündigt wurde. Und kannst du dich noch daran erinnern, als du dich von Gerd getrennt hast? Da hattest du doch innerhalb kürzester Zeit wieder einige Kilos zugenommen.« Petra nickte zustimmend. »Wenn du dieses Muster nicht ganz deutlich erkennst, hast du keine Chance, es zu ändern. Was ist all diesen Ereignissen gemeinsam, welches Grundmuster steckt dahinter?« Petra dachte nach. »Naja, ich hatte jedes Mal Schuldgefühle. Als ich aus dem Haus rausmusste, haben wir furchtbar gestritten und wir haben uns nicht im Guten getrennt. Und bei meiner Kündigung und der Trennung von meinem Freund, da habe ich mich jedes Mal abscheulich gefühlt, weil ich das Gefühl hatte, dass nur ich für die Situation verantwortlich bin.« Elfi versuchte, Petra dieses Verhaltensmuster noch einmal genauer zu erklären: »Also, wenn du dich selber so verabscheust, wie du es in den verschiedenen Situationen getan hast, entwickelst du jedes Mal das gleiche Verhalten und versuchst, deine Abscheu und deine Schuld mit essen zu kompensieren. Es ist also immer das Gleiche. Jetzt hast du einen Anhaltspunkt. Ich möchte dir einen Weg vorschlagen, der mir damals sehr geholfen hat, bei meiner Scheidung von Franz. – Wie lang war die weiteste Strecke, die du je zu Fuß gegangen bist?« Petra dachte kurz nach: »Fünf Kilometer vielleicht.« »Gut«, antwortete Elfi, »das nächste Mal, wenn du dich so schuldig fühlst und dich so verabscheust, und in das alte Muster verfällst, wieder zu viel zu essen, hörst du sofort damit auf, ziehst deine Laufschuhe an, verlässt deine Wohnung und gehst sechs Kilometer zu Fuß!« »Mehr nicht? Das ist dein Vorschlag?« »Mehr nicht«, antwortete Elfi zuversichtlich. Etwas irritiert ging Petra nach Hause. Etwa sechs Monate später rief sie Elfi an, vergaß völlig, sie zu begrüßen, sondern erklärte ganz aufgeregt: »Es hat geklappt!« »Was hat geklappt?«, fragte Elfi. »Ich war völlig gestresst bei der Arbeit und hatte das Gefühl, dass mich niemand mag. Ich fand mich wieder abscheulich. Ich bin so frustriert nach Hause gegangen, dass ich fast über die Torte hergefallen bin, die ich extra für eine Feier im Büro gebacken hatte. Mir war danach, ein Stück zu essen – ein dickes Stück. Plötzlich erinnerte ich mich an unser Telefonat und mir fiel es plötzlich wie Schuppen von den Augen. Also zog ich meine Laufschuhe an und ging sechs Kilometer. Als ich nach Hause zurückkam, war ich so ausgeglichen und zufrieden, dass ich keine Lust mehr auf die Torte hatte. Am nächsten Morgen konnte ich sie dann ganz entspannt mit zur Feier nehmen. Die war übrigens ein voller Erfolg und all meine Kolleginnen sind erschienen und waren begeistert!« Somit hatte Petra endlich ein unerwünschtes Verhaltensmuster durchbrochen, indem sie zuerst die Macht der Gewohnheit einsah und dann damit brach, statt durch die Wiederholung das Opfer ihrer Gewohnheit zu bleiben.

Die eigenen Verhaltensmuster zu kennen und gegebenenfalls zu ändern ist für jeden Menschen wichtig und stellt einen wesentlichen Schritt auf dem Weg zu Eigenverantwortung und zur eigenen Zufriedenheit dar. Denn jedes Muster wiederholt sich in der Regel so lange, bis wir bereit sind, es zu durchbrechen, indem wir etwas völlig anderes tun. So kann uns Lachyoga, wenn wir es regelmäßig machen, dabei helfen, alte, verkrustete Verhaltensmuster zu entdecken und mit der Zeit aufzulösen. Viele Teilnehmer in allen Altersstufen und Berufen, die schon über einen längeren Zeitraum Lachyoga praktizieren, haben sich in meinen Seminaren immer wieder sehr positiv geäußert und bestätigt, dass es ihnen mit Hilfe des Lachyogas gelungen ist, alte Verhaltensmuster zu verändern und zufriedener zu werden.

Auch Sie können zufriedener werden! Nehmen Sie deshalb Ihr Leben selbst in die Hand, und verändern Sie das, was Ihnen Kraft nimmt. Erlauben Sie sich, stattdessen neue Verhaltensweisen auszuprobieren und dadurch Ihr Leben zu genießen und immer wieder jeden Tag zu lachen, so, wie es Kinder tun: unbekümmert und von ganzem Herzen!

Nicht die Dinge ändern sich;
wir ändern uns.

Henry David Thoreau

Das Lachen wieder aktivieren

Ich erinnere mich, wie meine Tochter gehen lernte: hinfallen – aufstehen; hinfallen – wieder aufstehen; hinfallen – wieder aufstehen. Mal weinend, öfters lachend, immer und immer wieder, bis es klappte, bis das aufrechte Gehen ein Teil von ihr wurde. Das Lachen, das ihre ersten Gehversuche begleitete, musste sie nicht lernen. Als Babys haben wir nicht lernen müssen, wie wir lachen. Es war einfach da. Es diente maßgeblich zur Kontaktaufnahme mit der Umwelt. Lachen war ein Ausdruck von Freude, Zuneigung und Akzeptanz. Wir lächelten oder lachten einen Menschen an und meistens kam ein Lächeln oder Lachen zurück. Lachen war etwas Selbstverständliches, etwas, was einfach zu unserem Leben dazugehörte. Aber leider haben die meisten Menschen es im Laufe ihres Lebens verlernt. Wenn ich meine Lachschul- und Seminarteilnehmer frage, warum sie an diesen Seminaren teilnehmen, höre ich immer das Gleiche: »Wir sind so ernst geworden und würden gerne wieder mehr lachen.«

Im übertragenen Sinne bedeutet dies, wenn das Leben und dessen Umstände uns das Lachen genommen haben, dann können das Leben und dessen Umstände uns das Lachen auch wieder geben. Wir müssen nur wieder das sehen, was um uns herum und in uns an Fülle und Freude verborgen liegt. Am besten fangen wir mit uns selbst an, denn wenn wir selbst uns kein Lachen und Lächeln schenken, dann wird es auch keiner um uns herum tun. Das ist ein einfaches Naturgesetz von Ursache und Wirkung. Fange ich einfach an, mit und über mich zu lachen, wird im Außen das Gleiche passieren. Sie werden auf einmal Menschen und Umständen begegnen, die Ihnen Grund zu Freude und Lachen geben. Das, was Sie selbst in ihrem tiefsten Innern sind, wird sich wieder aktivieren und wird sich als ein Teil auch im Außen widerspiegeln. Diese Beobachtung konnte ich bei mir selbst machen und sie wurde durch die vielen Aussagen von Teilnehmern in der Lachschule und in den Seminaren bestätigt. Wir entwickeln wieder mehr Freude, Humor und Verständnis für andere Menschen und Umstände. Wenn wir wieder anfangen mehr zu lachen, mit uns und anderen, immer und immer wieder, wird es ein Teil von uns werden.

Machen wir deshalb die ersten Schritte. Setzen Sie sich entspannt in einen Sessel, und atmen Sie drei- bis viermal ruhig ein und aus. Jetzt ziehen Sie einmal die Mundwinkel nach oben, und halten das Ganze etwa zehn Sekunden an. Jetzt machen Sie das Gegenteil, Mundwinkel nach unten. Welche Stellung fühlt sich besser an? Wenn Sie die Mundwinkel nach oben oder nach unten ziehen? Wahrscheinlich fühlen Sie sich besser, wenn die Mundwinkel nach oben gezogen sind, oder? Wir wissen und spüren es alle. Lächeln und Lachen bringt mehr Lebensqualität, es verändert unsere Chemie im Körper. Anfangs erscheint es anstrengender, zu lachen, als ernst zu schauen. Genauso scheint es den Menschen in unseren Breitengraden leichter zu fallen, das Negative zu sehen und darüber zu sprechen, als uns über die Dinge zu freuen, die positiv sind.

Fangen wir damit an, wieder die schönen Dinge zu entdecken, die in Hülle und Fülle um uns herum existieren, wird sich Stück für Stück unser Leben zum Positiven wandeln. *Probieren Sie es gleich an sich selbst aus: Stellen Sie sich vor einen Spiegel oder nehmen Sie einen kleinen Spiegel zur Hand. Schauen Sie in den Spiegel und machen das Gleiche wie in der ersten Übung. Lächeln Sie sich einmal selbst an, dann lachen Sie sich an und als Nächstes schauen Sie ernst und dann so richtig griesgrämig in den Spiegel.* Welches Gesicht gefällt Ihnen besser? Welches Gesicht fühlt sich besser an? Welchem Gesichtsausdruck möchten Sie persönlich am liebsten begegnen? Welches Gesicht würden Sie lieber für sich selbst wählen? Wahrscheinlich das Gesicht, welches Sie freundlich anlächelt oder anlacht.

Da die meisten es nicht gewohnt sind zu lächeln, zu lachen oder fröhlich zu schauen, ist es sinnvoll, ganz bewusst in kleinen Schritten die eigene Mimik zu verändern und die Aufmerksamkeit freudigen Dingen und Menschen zu widmen. Im Laufe der Zeit werden Sie erkennen, dass Lachen und Humor eine wundervolle Möglichkeit darstellen, gegebene Situationen des Lebens so hinzunehmen, wie sie sind und das Beste daraus zu machen. Mexikaner richten beispielsweise zum Tod eines Familienmitglieds ein Fest aus, tanzen und feiern tagelang, erzählen sich Geschichten und Anekdoten vom Verstorbenen und rufen sich diesen noch einmal mit all seinen Vorzügen ins Gedächtnis. Sie wissen, dass der Tod zum Leben gehört. Sie zitieren besondere Gegebenheiten des Verstorbenen oder führen in Rollenspielen Eigenschaften oder Eigenarten des Verstorbenen auf, um ihm die letzte Ehre zu erweisen.

Fangen wir also an zu lächeln und zu lachen, Freude und Humor zu unserer Lebensphilosophie zu machen, fängt auch das Leben an, sich uns von einer sonnigen, fröhlichen Seite zu zeigen. Seien Sie neugierig und probieren Sie es gleich einmal mit einem fröhlichen Lächeln aus, einer schöpferischen Emotion.

Wir wissen zuviel und fühlen zuwenig.
Zumindest spüren wir zuwenig von jenen
schöpferischen Emotionen, aus denen ein
sinnvolles Leben entspringt.

Bertrand Russel

Das tägliche Gedankenkarussell

Es ist ein wunderschöner Morgen, die Sonne scheint, die ersten Lichtstrahlen erhellen das Zimmer und der Wecker klingelt. Es ist so gemütlich im Bett, dass ich mich noch einmal herumdrehe und mir noch fünf Minuten erlaube. Die fünf Minuten sind vorbei, der Wecker klingelt ein zweites Mal. Jetzt wird's aber langsam Zeit! Ich springe aus dem Bett, weil ich pünktlich im Büro sein muss. Automatisch gehe ich unter die Dusche: Haare waschen, abtrocknen, Zähne putzen, föhnen. Fertig! Während ich unter der Dusche stehe, bin ich mit meinen Gedanken schon im Büro beim ersten Termin, denke daran, was ich alles mitnehmen muss, und spiele meinen Tag durch. So sieht der Alltag der meisten Menschen aus. Erkennen Sie Parallelen zu Ihrem eigenen Leben? Was ist also so bemerkenswert daran, wenn es den meisten Menschen so geht? Es zeigt, dass wir den Großteil des Tages in Gedanken versunken sind, die sich in der Vergangenheit oder in der Zukunft abspielen. So war ich während des Duschens hauptsächlich mit Gedanken an die Zukunft beschäftigt, die noch gar nicht stattgefunden hat, und habe hierfür die Kraft meiner Gedanken verschwendet. Hat denn mein Körper keinen Anspruch darauf, wahrgenommen zu werden? Mit ihm gehe ich ins Büro, und dies ist nur möglich, wenn er gesund ist! Wir schenken der Gegenwart und damit unserem Körper viel zu wenig Aufmerksamkeit, weil wir uns in unseren Gedanken permanent mit Dingen auseinandersetzen, die in der Zukunft oder Vergangenheit liegen. Die Folge davon kann sein, dass wir sehr gestresst sind und auf Dauer krank werden. So leiden immer mehr Menschen an psychosomatischen Krankheiten wie Angst, Depressionen, Essstörungen, Rheuma, Hauterkrankungen, Allergien u. a.

Wie aber kann ich meine Gedanken sinnvoll steuern, ohne meinen Körper dabei zu vernachlässigen? Wie lenke ich meine Gedanken, sodass sie mir Kraft geben und nicht nehmen? Wie werde ich meinen Gedanken und meinem Körper gegenüber aufmerksamer? Eine Möglichkeit stellt Lachyoga dar. Lassen Sie mich deshalb kurz erzählen, was ich diesbezüglich bei mir selbst und bei Menschen festgestellt habe, die regelmäßig Lachyoga-Kurse besuchen und bestimmte Übungen ausführen.

Wenn wir zum Beispiel unsere Aufmerksamkeit auf Dinge lenken, wie zum Beispiel auf einen Baum und uns diesen genau ansehen, dann bedeutet dies, dass wir uns vollständig auf ihn konzentrieren. Wir betrachten die Form seiner Blätter, die Rinde, die Größe des Stamms, seine Farbe etc. Durch diese intensive Betrachtung und der damit einhergehenden Konzentration haben wir unseren Denkvorgang unterbrochen. Probieren Sie es doch gleich einmal selbst aus. Schauen Sie sich etwas in Ihrer unmittelbaren Umgebung ganz genau an. Betrachten Sie genau die Form, die Farbe und die Beschaffenheit. Bei dieser genauen Betrachtungsweise werden Sie feststellen, dass Ihre Gedankenaktivität geruht hat. Sonst könnten Sie sich nicht auf den Gegenstand konzentrieren. Wenn wir uns in unserem Alltag ebenfalls nur noch auf das konzentrieren, was positiv ist und uns Kraft und Energie gibt, werden wir leichter leben und öfter lachen.

Damit ist nicht gemeint, dass man sein Leben nicht mehr bewusst planen soll, wie z. B. ein Unternehmenskonzept zu entwickeln, eine Reise vorzubereiten oder aus Erfahrungen der Vergangenheit zu lernen. Es geht vielmehr darum, unsere Aufmerksamkeit auf Dinge und Umstände außerhalb und in uns selbst zu lenken, die uns Kraft geben. So könnten wir z. B. jeden Abend ein Erfolgsjournal schreiben, in dem wir festhalten, welche Dinge wir heute besonders gut gemacht haben oder was uns besonders viel Freude bereitet hat. In den regelmäßigen Lachyoga-Kursen und -Seminaren kann ich feststellen, dass die Teilnehmer, inspiriert durch humorvoll improvisierte Lebenssituationen in der Gruppe, im Alltag wesentlich besser und anders mit Situationen umgehen, die ihnen früher Kraft geraubt und Sorgen bereitet haben. Die Teilnehmer konnten oftmals ihre Sichtweise auf bestimmte Dinge und auf ein Thema verändern. So gibt es zum Beispiel das Problemlachen oder das Fehlerlachen. Beim Problemlachen nennen einige Teilnehmer während der Lachyoga-Stunde konkrete Probleme aus dem Alltag. Nehmen wir mal an, Schulterprobleme, Übergewicht, Probleme mit Arbeitskollegen, Arbeitsstress, Geldprobleme usw. Die Teilnehmer bilden dann einen Kreis und beginnen eine muntere Diskussion. Jeder kann zu dem Thema etwas sagen bzw. das Thema übertreiben und ins Lächerliche ziehen. In diesem Moment passiert Folgendes: Es wird offen ein konkretes Problem besprochen, das vielleicht auch andere Teilnehmer berührt, das Problem wird übertrieben und durch den Kakao gezogen. Je länger wir die Übung machen, desto mehr verschiebt sich der Fokus auf das Problem und wir können es mit entsprechendem Abstand betrachten. Das heißt, dass wir längst nicht mehr so verstrickt in die Situation sind und die Chance erkennen, die das Problem gegebenenfalls für uns beinhaltet. Durch den Abstand, den die Teilnehmer in der Lachyoga-Stunde zu dem Problem bekommen, sind sie plötzlich in der Lage, eine Lösung dafür zu erkennen und es entsprechend zu bewältigen. Und die Folge ist: Je weniger Probleme ich habe, desto mehr kann ich mich den Dingen widmen, die mir Kraft und Zuversicht geben.

Das sogenannte Fehlerlachen hat übrigens eine ähnlich heilsame Wirkung. Dabei stehen wir uns in der Lachyoga-Stunde mit einem anderen Teilnehmer gegenüber. Wir nehmen unseren Zeigefinger und zeigen auf uns und sagen *meine Fehler,* zeigen dann auf das Gegenüber und sagen *deine Fehler,* und dann noch einmal bei uns, ich lerne aus *meinen Fehlern,* und beim Gegenüber, ich lerne aus *deinen Fehlern.* Dann fangen wir an, einfach darüber zu lachen, und zeigen auf den anderen. Ich kann Ihnen versichern, wenn Sie diese Übung öfters wiederholen – in der Gruppe oder mit dem Partner – werden Sie mit Fehlern, egal mit welchen, in Zukunft anders umgehen. Sie werden nicht mehr so viel Kraft für Fehler verschwenden. (Siehe diese Übung auch Seite 76)

Wenn Sie den Dingen Aufmerksamkeit schenken, die Ihnen im Leben mehr Kraft geben als Kraft nehmen, wird sich Ihre Zukunft dementsprechend positiv gestalten.

Grundloses Lachen

Es ist April 2005, Mittwochabend 19.30 Uhr. Siebzehn Personen treffen sich in einem Münchner Tanzstudio, dreizehn Frauen, vier Männer. Im Alter von fünfundzwanzig Jahren bis zweiundsiebzig Jahren. Was bringt diese siebzehn Personen dazu, sich hier zu treffen und eine Stunde lang grundlos zu lachen? Die Antwort ist ganz einfach! Sie alle wollen mehr Lebensfreude, Spaß und Entspannung.

Wenn wir Kinder in der Gruppe oder alleine beim Spielen beobachten, können wir feststellen, dass sie sehr oft ohne jeglichen Grund lachen. Auch wir haben das früher als Kinder gemacht. Die Essenz des grundlosen Lachens besteht darin, dass wir unseren kindlichen Geist und unsere spielerischen Einstellungen wieder neu entdecken, um diese dann in den Alltag zu integrieren. Wenn wir das schaffen, wird das Lachen problemlos zu uns zurückkehren und damit auch zu anderen Menschen in unserer Umgebung.

Wenn wir versuchen, in der Gruppe ohne Grund zu lachen, verschwinden nach und nach unsere Hemmungen, die durch unsere Vergangenheit aufgebaut wurden. Gleichzeitig wird unser Sinn für Humor wieder geweckt. Genau das ist der Durchbruch, den wir in diesen Lachschule-Gruppen erzielen. Durch das Lachen finden wir unseren Sinn für Humor, unsere Kreativität und Offenheit Menschen und Situationen gegenüber wieder. Es ist vergleichbar mit einem Kamin, der durch viele Ablagerungen verstopft ist. Auch er kann keine volle Leistung bringen. Reinigt der Kaminkehrer die Rohre, kann das System wieder die ganze Leistung bringen. Wichtig ist, dass man diese Reinigung regelmäßig macht, um immer wieder unbeschwert lachen und leben zu können. Indem wir uns freiwillig bereit erklären, in einer Gruppe zu lachen, bereiten wir den Boden dafür, dass der Sinn für Humor fließen kann. Wenn Sie momentan das Gefühl haben, nur wenig oder überhaupt keinen Sinn mehr für Humor zu besitzen, sollten Sie sich keine Sorgen machen. Beim Lachyoga werden Sie erfahren, dass wir einfach gemeinsam draufloslachen und der Humor bald wieder fließt. Das Schöne an den gemeinsamen Lachyoga-Stunden ist, dass jeder Mensch ein Individuum ist und dadurch verschiedene Humor-Charaktere aufeinandertreffen, die damit Heiterkeit und Dynamik in die Gruppe bringen. Aber auch wenn Sie alleine oder mit anderen Menschen zusammen sind, grundloses Lachen bzw. Lachyoga-Übungen sind eine sehr wirkungsvolle Technik, die schon erwähnten Vorteile wieder in Ihr Leben zu integrieren.

*»Tu so, als ob,
bis es dann wirklich so ist!«*

Wir wissen heute durch umfassende Forschungen aus der Gelotologie, dass absichtliches Lachen automatisch zu Heiterkeit und herzlichem Lachen führen kann. Da beim Lachen immer mehrere Ebenen beteiligt sind, sprechen wir von dem sogenannten Lachnetzwerk. Beim Lachen und Lachyoga werden die kognitive Ebene (etwas lustig oder witzig zu finden), die emotionale Ebene (sich heiter und glücklich zu fühlen) und die motorische Ebene (lachen oder lächeln) in Gang gesetzt. Alle Ebenen sind im Gehirn so stark miteinander verbunden, dass man sie sich als Netzwerk vorstellen kann. Wenn ich zum Beispiel mich selbst im Spiegel anlache (motorische Ebene), dann ist die Wahrscheinlichkeit sehr groß, dass ich mich dadurch heiter oder glücklich fühle (emotionale Ebene) oder es gar lustig oder witzig finde (kognitive Ebene). Umgebe ich mich mit Menschen, die fröhlich sind und miteinander lachen, wird meine kognitive Ebene oder die emotionale Ebene aktiviert und die motorische Ebene wird wahrscheinlich automatisch einsetzen. Wenn wir das wieder regelmäßig und intensiv üben, finden Veränderungen in unserem Gehirn statt. Es bilden sich neue Verbindungen zwischen Gehirnzellen aus und es werden sogar zusätzliche Gehirnzellen gebildet. Der Bereich, den das Gehirn für die gelernte und trainierte Leistung reserviert und verwendet, wird größer. Durch immer wiederkehrende Übungen und Elemente beim Lachyoga werden verschiedene Funktionen des Gehirns intensiv trainiert, darunter auch der Zugang zu mehr Heiterkeit und Lachen. Wir können uns das so vorstellen, dass es im Gehirn viele verschiedene Wege und Straßen gibt. Die Wege und Straßen sind unsere Nervenbahnen. Je häufiger wir etwas praktizieren, in unserem Fall das Lachen, desto stärker werden unsere Nervenbahnen. Dadurch können Impulse schneller weitergegeben werden, die Handlung wird fast automatisch abrufbar. Je häufiger wir Lachen oder Lachyoga-Übungen praktizieren, desto schneller stellt sich die gewünschte Wirkung von Entspannung und Heiterkeit in unserem Leben ein. Es ist so, als würden wir eine Sprache neu lernen. Erst fangen wir mit Vokabeln an, mühsam, bei ständiger Wiederholung wird es leichter, es kommen mehr Vokabeln dazu, unser Wortschatz erweitert sich ständig, bis wir die Sprache beherrschen und sie ein Teil von uns wird. Sprechen wir die erlernte Sprache nicht regelmäßig, werden uns nach und nach Worte fehlen und wir müssen wieder damit anfangen, sie uns ins Gedächtnis zu rufen.

Beginnen wir, das absichtliche grundlose Lachen in unser Leben zu integrieren und mit uns allein und anderen Menschen zu üben, werden Heiterkeit, Humor und Glücklichsein verbunden mit herzlichem Lachen automatisch in unser Leben Einzug halten.

Auswirkungen des Lachens auf unseren Körper

Bis in die Achtzigerjahre des vergangenen Jahrhunderts wurde das Lachen vorrangig von Philosophen, Psychologen oder Soziologen untersucht. Nur wenige Mediziner gingen daran, die Sache zu verfolgen. Sie holten sich Menschen ins Labor, brachten sie zum Lachen und untersuchten die Blutwerte vor, während und nach dem Lachen. Sie stellten erstaunliche Reaktionen des Immunsystems fest. Das Lachen schien die Testpersonen so positiv zu beeinflussen, dass sie mit einer vermehrten Produktion ihrer Abwehrkräfte reagierten. Die entscheidende Voraussetzung für eine wissenschaftliche Forschung war damit gegeben: Man konnte die Wirkungen des Lachens auf das Immunsystem messen! Die Gelotologie war geboren.

Ergebnisse der Lachforschung:

Allgemein gilt: Jede Art zu lachen ist gesund. Ob wir nun über Witze, Pointen, uns selbst, künstlich oder natürlich lachen, wir stimulieren damit unser Immunsystem und tun Gutes für den gesamten Organismus. Inzwischen bekommen wir von Wissenschaftlern (u. a. vom Immunologen Lee S. Berk von der Medizinischen Hochschule von Loma Linda bei Los Angeles) bescheinigt, dass ausgiebiges Lachen:

- ☺ die Produktion der Stresshormone Cortisol und Adrenalin reduzieren kann.
- ☺ die Immunabwehr stimuliert.
- ☺ Endorphine (körpereigene Morphine) freisetzt.
- ☺ die Ausscheidung von Cholesterin fördert.
- ☺ das Herzinfarktrisiko senkt.
- ☺ die Produktion körpereigener Botenstoffe z. B. Gamma Interferon aktiviert, das die Vermehrung von Tumorzellen reduzieren kann.
- ☺ vor Allergien schützt und bei Allergien hilft.
- ☺ das Immunsystem stärkt.

Allgemeine Begleiterscheinungen des Lachens

Weitere Ergebnisse der Lachforschung sind:

☺ Männer lachen mit mind. 280, Frauen sogar mit 500 Schwingungen/Sek. Die Atemluft wird dabei mit ca. 100 km/h und mehr ausgestoßen.
☺ Das Zwerchfell hüpft, das Herz schlägt schneller, die Pupillen weiten sich, die Fingerkuppen werden feucht, die Beinmuskulatur erschlafft und manchmal auch die Blase.
☺ Zwerchfell und Solarplexus werden bei jeder Lachsalve intensiv massiert, was die Verdauung fördert, die Atemtiefe nimmt zu, verspannte Muskeln lockern sich. Durch erhöhten Sauerstoffverbrauch werden die Verbrennungsvorgänge in den Zellen gefördert.
☺ Lachen schafft eine meditative Pause fürs Gehirn und erzeugt, indem es uns so von den Problemen des Alltags distanziert, ein Gefühl der Befreiung.
☺ Wer lernt, über seine Missgeschicke zu lachen, anstatt sie in sich hineinzufressen, fördert seine Kreativität und findet leichter Lösungen.

Auch im Land des Lächelns widmet man sich der Lachforschung. So fanden japanische Wissenschaftler heraus, dass Lachen allergische Beschwerden lindern kann. Die Wissenschaftler testeten sechsundzwanzig Personen, die an atopischer Dermatitis litten, mit verschiedenen Allergenen. Anschließend wurden sie durch Comics und lustige Filme zum Lachen gebracht.

Resultat: Die lachenden Testpersonen zeigten deutlich weniger allergische Reaktionen als die ernsten.

Amerikanische Ärzte empfehlen indes Herzinfarktkandidaten, mehr über sich selbst zu lachen. Wer sich nicht so ernst nehme und seine Selbstkontrolle nicht perfektionistisch betreibe, könne dem Herzinfarkt durch Lachen vorbeugen.

Insgesamt hat man eine heilende Wirkung des Lachens festgestellt bei:

- ☺ Bluthochdruck
- ☺ Herzerkrankungen
- ☺ Angstzuständen
- ☺ Schlafstörungen
- ☺ Magengeschwüren
- ☺ Allergien
- ☺ und sogar Krebs

Das Zentrum des Lachens sitzt in der linken Großhirnhälfte und ist ca. 4 cm groß. Lachen aktiviert alle Regionen des Gehirns und löst ein wahres Feuerwerk an elektrischen Impulsen aus.

Die sozialen Aspekte

Paul E. McGhee, Lachforscher und Präsident der »Laughter Remedy« in Monclai, USA, klärt große Konzerne über die Vorteile eines entspannten, humorvollen Arbeitsklimas auf, in dem gelacht werden darf und soll. Zusammenfassend könnte man seine Erfahrungen so beschreiben:

- ☺ Das kontrollierende Denken wird durch Lachen unterbrochen. Man ist offen für Neues. Lachen und Frohsinn steigern die Produktivität.
- ☺ Die Menschen werden durch Fröhlichkeit zufriedener, kreativer und spontaner. Wo gelacht wird, haben Wut, Zerstörung, Depression und Angst keinen Raum.
- ☺ Humor macht den Menschen im Alltag belastungsfähiger.
- ☺ Lachend schaffen wir Distanz zu unseren Problemen und finden neue Lösungsansätze.
- ☺ Lachen ist der größte Feind des Stresses.

Kurzum, mit Lachen bekommt unser Problem ein Problem.

Die Einzigartigkeit jedes Tages durch Lachyoga erleben

»Was in der Kindheit zur Gewohnheit wurde, danach sehnt man sich im Alter auch noch«

Es ist ein herrlicher Sommertag im August 2005. Ich beobachte, wie Kinder auf einer Wiese nahe des Starnberger Sees Fangen spielen. Mit einem Mal wird mir bewusst, mit wie viel Elan, überschwänglicher Freude und Neugier doch Kinder gesegnet sind! Wir Erwachsenen sind ruhig geworden und reagieren längst nicht mehr so spontan wie Kinder. Bei den meisten läuft alles in geregelten Bahnen ab, weil das den Menschen ein Gefühl von Sicherheit gibt. So viel Sicherheit, dass oft die Kreativität und Lebensfreude verloren gehen. Aber ist das der Zustand, der uns wirklich Freude im Leben bereitet oder gar unserem Wesen entspricht? Haben wir nicht alle Sehnsüchte, mal wieder überschwänglich zu feiern, zu spielen, das zu tun, was uns Freude macht. Jetzt könnte man sagen: »Ja, ich würde es ja gerne tun, aber … – das geht aus diesen und jenen Gründen nicht!« Viele Menschen haben sich in den Zwängen der Sicherheit verloren und büßen dadurch mehr und mehr Lebensfreude und Kreativität ein. Verstehen Sie mich nicht falsch. Sicherheit ist lebenswichtig und sinnvoll, nur versuchen wir permanent, Sicherheit in äußeren Dingen zu finden, und geben damit gleichzeitig unsere Selbstverantwortung ab – an den Staat, den Arbeitgeber, die Kirche, den Partner etc. Dadurch begeben wir uns in eine Abhängigkeit und sind steuer- und verletzbar. Wir werden durch das Umfeld gelebt und reagieren, statt zu agieren.

Warum suchen wir die Sicherheit nicht in uns selbst? Wir sind ein Individuum. Kein Mensch ist gleich, jeder hat außergewöhnliche Fähigkeiten. Fangen wir an, uns auf diese Fähigkeiten zu besinnen, uns gesund zu ernähren und täglich zu bewegen, und uns auf die Dinge, die positiv im Leben sind, zu konzentrieren, entwickeln wir mehr und mehr Selbstwertgefühl, Selbstvertrauen und Selbstbewusstsein. Genau hier setzt auch Lachyoga an. Mit Lachyoga bekommt unsere Sicherheit ein Problem.

Beim Lachyoga gehen wir aus uns heraus in die Aktion und verlassen sicheren Boden. Jeder für sich selbst. Dabei entdeckt jeder, dass er so sein darf, wie er ist, und nicht irgendeine Maske aufsetzen muss, um es dem Umfeld recht zu machen. Sich in Sicherheit zu wiegen ist vorbei. Das Fördern und Zeigen der eigene Stärke und Kreativität sind gefragt, und beides entwickelt sich dabei wieder Schritt für Schritt. Die Grundstimmung hebt sich und man kann diese gehobene Grundstimmung in den Alltag integrieren und gestärkt Veränderungen herbeiführen. Um dieses Gefühl aufrechtzuerhalten, wird regelmäßig trainiert und gelacht. Die Menschen in Ihrem Umfeld werden spüren, dass Sie sich zum Positiven verändern. Unter Umständen wird gar nicht gewünscht, dass Sie besser drauf sind. Sie sollen ja so bleiben, wie Sie sind, bequem und steuerbar. Bleiben Sie standhaft, übernehmen Sie Verantwortung für Ihre Stimmung, überlassen Sie das nicht anderen Menschen, dem Umfeld oder den Medien. Suchen und finden Sie Ihren eigenen Weg. Sein Leben so zu gestalten, wie man das gerne möchte, gibt einem unglaubliche Stärke. Es brauchen nicht riesige Schritte zu sein, der Weg ist das Ziel. Beginnen wir mit kleinen Schritten jeden Tag, werden größere folgen, und das Leben und jeder Tag werden wieder so einzigartig sein, wie wir das als Kinder wahrgenommen haben. Fangen Sie an, Lachyoga zu praktizieren, und jeder Tag wird Ihnen Überraschungen und die Einzigartigkeit des Lebens zurückbringen.

Die vier Typen des Lachens

Der Umstand bzw. die Berufung, Lachyoga-Therapeut, -Ausbilder und -Trainer zu sein, bringt mit sich, intensiv zu beobachten, was, warum, wann und wie Menschen etwas zum Lachen bringt. Ich würde es mit der Einzigartigkeit eines Fingerabdrucks vergleichen. Jeder Mensch hat die Gabe, Fröhlichkeit, Lust und Lebensfreude individuell für sich auszudrücken. In vier Jahren Lachyoga-Erfahrung konnte ich vier verschiedene Lachtypen ausmachen.

Es ist wie mit den vier Jahreszeiten – Frühling, Sommer, Herbst und Winter – und deren Wettertendenzen – Gewitter, Sonnenschein, Regen und Sturm.

Der Sturmtyp

Der Sturmtyp ist anfangs zurückhaltend und misstrauisch, aber wenn er dann mal loslacht, lacht er kräftig, unaufhaltsam, leidenschaftlich, lacht lange und bricht aber auch abrupt ab.

Der Sturmtyp will sich und andere gut unterhalten. Er nimmt sich selbst nicht so ernst. Sein Humor und seine Vorgehensweise beim Lachyoga wie auch im alltäglichen Leben schaffen eine entspannte, tolerante Atmosphäre, die Annäherung ermöglicht und ein Gemeinschaftsgefühl aufkommen lässt. Ist er einmal in Fahrt, ist er kaum zu bremsen und reißt andere mit. Sturmtypen sind wenig ängstlich, feindselig oder depressiv und haben ein gesundes Selbstwertgefühl. Ihre Kreativität ist manchmal bewundernswert. Sie lieben alle dynamischen Lachübungen und wertbasierte Übungen mit Tiefgang, z. B. Bärenlachen, Fechtlachen, Schimpflachen und Kauderwelsch-Lachen. Sturmtypen sind oft vom Sternzeichen Widder, Skorpion und Stier.

Der Sonnentyp

Der Sonnentyp hat ein herzliches, strahlendes Lachen und braucht keinen besonderen Grund zum Lachen. Er hat eine positive Ausstrahlung und den dementsprechenden Gesichtsausdruck. Der Sonnentyp amüsiert sich über die Wunderlichkeiten der Welt und behält seine heitere Stimmung selbst bei Stress und Anspannung bei. Sein Humor und seine verschmitzte Art des Lachens helfen ihm, negative Ereignisse und Situationen zu verkraften, um stabil zu bleiben. Sonnentypen sind optimistisch, ausgeglichen und um andere bemüht. Ihr Wohlbefinden und ihre Selbstachtung sind hoch. Manchmal hat man den Eindruck, als schwebten sie in einer anderen Welt. Sie mögen hauptsächlich Lachübungen, die etwas gemäßigter sind und geistige Tiefe besitzen, wie z. B. Anerkennungslachen, Vertrautheitslachen, Verzeihungslachen und das Hüftlachen. Sonnentypen sind vom Sternzeichen oft Schützen oder Löwen.

Der Gewittertyp

Der Gewittertyp bricht auf, stampft, ist ein vordergründiger Lacher, Reinplatzer ins Geschehen; wenn er mit dem Lachen loslegt, steckt er andere an.

Der Gewittertyp ist angriffslustig und benutzt Lachen und Humor oftmals, um andere herauszufordern und zu kritisieren. Er nimmt nicht immer Rücksicht auf die Gefühle anderer. Mit seinem Humor wirkt er manchmal aggressiv und verärgert dadurch andere. Gewittertypen fühlen sich nicht besonders wohl in ihrer Haut und halten nicht viel von sich selbst. Sie sind emotional nicht allzu stabil, wenig offen und umgänglich. Jedoch können sie an guten Tagen die Dynamik des Lachens nutzen und zu einem Erlebnis machen. Sie lieben vor allem das Löwenlachen, sich die Hucke voll lachen, mit einem lachenden und einem weinenden Auge und das befreiende Lachen. Der Gewittertyp ist vom Sternzeichen oft Jungfrau oder Steinbock.

Der Regentyp

Der Regentyp lacht gleichmäßig verhalten. Er lacht eher leise und weint auch schneller beim Lachen. Er ist zurückhaltend, abwartend, wohlüberlegt und stellt sich nicht in den Vordergrund. Der Regentyp lacht oft und macht Witze, die auf seine eigenen Kosten gehen. Für ihn dienen Lachen und Humor oftmals dazu, Problemen aus dem Weg zu gehen oder sie kurzzeitig zu vergessen. Regentypen fühlen sich nicht so recht wohl in ihrer Haut, haben ein geringes Selbstwertgefühl und meiden den direkten Kontakt mit Menschen oder suchen sich solche, die ihnen nicht zu nahe kommen. Sie sind wunderbare Lachpartner für spontane Lacher. Aus dem Nichts kommt auf einmal eine Anekdote aus dem Leben, die zum Kringeln ist. Regentypen bevorzugen vor allem ruhige Lachübungen wie das Milchshake-Lachen, das Begrüßungslachen, das Vorbeugelachen oder den Lachstern. Der Regentyp ist oft im Sternzeichen Krebs, Waage und Fische zu finden.

Vielleicht erkennen Sie persönlich Ähnlichkeiten mit einem der hier aufgeführten vier Lachtypen. Dann sollten Sie die von diesem Typ bevorzugten Übungen einmal selbst ausprobieren. Sie werden sehen, wie gut sie Ihnen tun.

Lachyoga in der Praxis

Der Begriff *Yoga* (v. Sanskrit *yuga* »Joch«, für: Anspannung, anschirren, anjochen; im Dt. auch *Joga*) bezeichnet eine indische philosophische Lehre, die durch Meditation, Askese und bestimmte körperliche Übungen den Menschen vom Gebundensein an die Last des Körperlichen befreien will. Es gibt viele verschiedene Formen von Yoga, wobei jede ihre eigene Praxis hat. Einige Formen von Yoga sind meditativ und betonen die geistige Konzentration, andere betonen eher körperliche Übungen. Die theoretischen und philosophischen Grundlagen des Yoga gehen auf die Veden zurück, die ältesten indischen heiligen Schriften aus der Zeit um 3500 v. Chr. Yogaübungen verfolgen grundsätzlich einen ganzheitlichen Ansatz, der Körper, Geist und Seele zugleich in Einklang bringen soll.

Lachyoga oder auch Hasya-Yoga (hindi *hasya* »lachen«) wurde vom Hatha-Yoga, dem Yoga der Körperhaltungen, abgeleitet. Jede Lachyoga-Übung hat ihren tieferen Sinn oder medizinischen Hintergrund. Grundlegend unterscheidet man beim Lachyoga drei verschiedene Arten von Lachtechniken:

☺ *Wertbasierte Lachtechniken*
Sie beruhen darauf, dass wir bestimmten Gesten, die wir während des Lachens ausführen, eine bestimmte Bedeutung beimessen, sodass unser Unterbewusstsein deren tiefen Wert erkennt.

- ☺ *Yoga-Lachtechniken*
  Sie wurden aus verschiedenen Yoga-Haltungen für das körperliche Wohlbefinden ent- und weiterentwickelt.

- ☺ *Spielerische, dynamische Lachtechniken*
  Sie sollen dabei helfen, unsere Verspieltheit wiederzufinden, damit wir unsere Hemmungen und Scheu abbauen können. Verspieltheit trägt auch dazu bei, angeregtes Lachen in ein natürliches, spontanes Lachen zu verwandeln.

Drei wichtige Richtlinien für erfolgreiches Lachyoga:

- ☺ Halten Sie so lange wie möglich Augenkontakt zu den Menschen, die mit Ihnen lachen. Die Augen sind das Tor zur Seele. Hier entdecken Sie ganz wunderbare Dinge. Wenn Sie Übungen allein durchführen, suchen Sie sich einen Spiegel. Lachen steckt an, so kommt Lachen auch ohne Witze aus.
- ☺ Wir leiten die Übungen mit vorgetäuschtem Lachen ein, tun, als ob wir lachten, bis es dann wirklich so ist. Es ist nicht schwer, aus dem Affekt heraus einfach zu lachen. Probieren Sie es! Erlauben Sie sich selbst, so wie früher als Kind einfach draufloszulachen. Der Rest kommt von allein.
- ☺ Machen Sie alle Übungen ohne allzu große Kraftanstrengung. Fühlen Sie sich verspielt und frei wie ein Kind.

Vorbereitende Übungen

Diese Übungen, bestehend aus Klatsch- und Atemübungen, sind ein sehr wichtiger Bestandteil des Lachyogas. Sie sollten im Vorfeld mehrmals geübt werden, um sie dann, wenn die Konzentration beim Lachen schwindet, automatisch richtig zu machen. Es sind auch sehr gute Übungen zur Sofortentspannung im Alltag. Mehrmals täglich kurz ausgeführt, werden Sie schnell die positive Wirkung spüren. Die Übungen sind sehr einfach und für jeden durchführbar.

Die »Ho Ho Ha Ha Ha«-Übung

Ohne diese Übung ist das Lachyoga undenkbar. Sie erhöht sofort unser Energieniveau, bringt umgehend Entspannung und lädt zur Fröhlichkeit ein. Man kann sie allein, mit Partner oder in der Gruppe anwenden. Diese Übung stimuliert die Handreflexzonen in den Handflächen, sie dient der Atemwegsreinigung und der rhythmischen Aktivierung des Zwerchfells. Da diese Übung gleich mehrere positive Effekte fördert, wird sie nach jeder Lachübung eingesetzt. Um die effektive Wirkungsweise dieser wichtigen Übung ganz zu erfassen, lassen Sie uns sie Schritt für Schritt entdecken. Stellen Sie sich oder setzen Sie sich bequem hin. Jetzt fassen Sie mit beiden Händen an Ihren Bauch und sprechen »Ho Ho Ha Ha Ha«. Wiederholen Sie diese Silben öfter. Dabei werden Sie spüren, wie sich die Bauchmuskulatur anspannt und sich das Zwerchfell bewegt. Wir sprechen hier auch von »innerem Jogging«. Wiederholen Sie die Übung noch einmal und berühren Ihren Kehlkopf. Dabei spüren Sie eine Schwingung. Generell dienen das Lachen und diese Übung durch ihre rhythmischen Bewegungen – verbunden mit unbewusst tiefer, richtiger Atmung – der Stärkung des Verdauungs-, Kreislauf- und Atmungssystems sowie der Reinigung der Atemwege. Also: Es lohnt sich, dieses »Ho Ho Ha Ha Ha«! Um die Übung noch zu verstärken, klatschen wir dabei in die Hände. Wichtig ist dabei, dass wir beim Klatschen die Finger spreizen und unter Spannung halten, sodass die sogenannten Berge aufeinanderstoßen und die ganze Handinnenfläche stimuliert wird. Sie können ruhig etwas fester klatschen, sodass sich die Hände ein wenig röten. Diese Übung sollte fünf- bis siebenmal wiederholt werden und nach jeder Lachübung angewandt werden.

Diese Übung ist eine der Lieblingsübungen meiner Teilnehmer und dient dazu, sich sehr schnell zu entspannen und locker zu werden. Nach einem meiner Firmenvorträge wurde diese Übung als absolutes Highlight mit in die Abendveranstaltung eingebunden. Können Sie sich etwa fünfzig Geschäftsführer und Vorstände vorstellen, die am Abend als Schlachtruf »Ho Ho Ha Ha Ha« singen? Es war ein Erlebnis der besonderen Art und der Schlachtruf wurde im Laufe des Abends immer lauter.

Die Atemübungen/Tiefes Atmen

Da die Ausdauer und Qualität unseres Lachens von der Aufnahmefähigkeit unserer Lungen abhängt, sollte diese Kapazität erhöht und trainiert werden. Deswegen setzen wir diese wichtige Atemübung zwischen fast jeder Lachübung ein.

Die Übung beginnt, indem man einen tiefen Atemzug

durch die Nase macht und gleichzeitig die Arme zum Himmel hebt. Das Einatmen sollte rhythmisch und in Übereinstimmung mit der Bewegung der Arme erfolgen. Man sollte die Lungen mit so viel Luft wie möglich füllen und dann den Atem drei bis vier Sekunden lang anhalten und danach langsam und rhythmisch wieder durch den Mund ausstoßen, bis ein leichtes Pfeifen zu hören ist, und dabei die Arme senken. Der gesamte Körper wird dabei gestreckt, die Lungen geweitet, die Blutzirkulation angeregt und zusätzlich werden der Nacken und die Schulterpartien gedehnt und dadurch entspannt. Dies entspricht einer Atemübung im Yoga, bei der das Ausatmen fast doppelt so lange dauert wie das Einatmen. Eine zweite, sehr wirkungsvolle Variante des tiefen Atmens ist das zusätzliche Beugen nach unten und gleichzeitige Verschränken der Arme um den Brustkorb beim Ausatmen. Selbst bei älteren Menschen hat diese wunderbare Atemtechnik große positive Auswirkungen. Meine Teilnehmer berichten, dass sie wieder besser Luft bekommen, sich befreiter im Brustkorb und Kopf fühlen. Diese tiefe Art der Atmung bringt sofort Entspannung und wird in einer Lachyoga-Stunde bis zu dreißigmal wiederholt. Der Sauerstoffgehalt im Blut wird dabei um das Drei- bis Vierfache erhöht und die inneren Organe werden dadurch besser mit Sauerstoff versorgt.

Diese Übung empfiehlt sich übrigens auch für Ihren Arbeitsplatz. Wann immer Sie Zeit haben, sollten Sie diese kurze Übung zu Ihrem eigenen Wohlbefinden kurz durchführen. Besonders dann, wenn Sie Stress ausgesetzt sind. Nehmen Sie sich dafür drei Minuten Zeit, und Sie werden unmittelbar spüren, wie schnell Sie dadurch Stress abbauen.

Tiefes Atmen

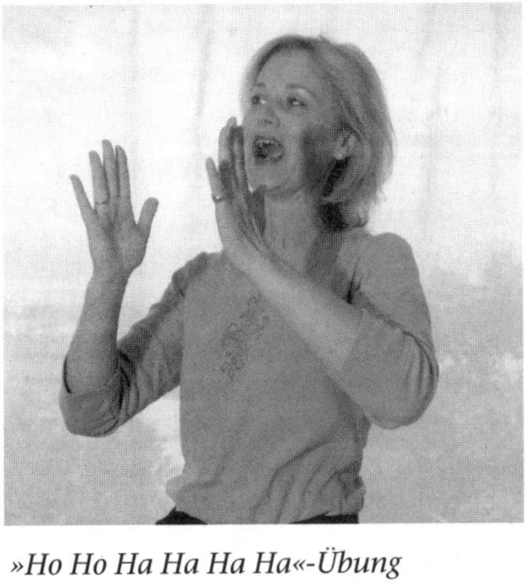

»Ho Ho Ha Ha Ha Ha«-Übung

Lachyoga mit sich selbst

Nun ist es Zeit für eine kleine Rückschau. Wie haben Sie die, sagen wir mal, letzten zehn Jahre lang Ihren Tag begonnen? Haben Sie den Tag mit dem Bewusstsein begonnen, dass er einzigartig ist? Oder waren Sie beim Aufwachen gedanklich im Gestern oder Morgen? Jeder Tag ist einzigartig. Jeden Tag gibt es nur ein Mal! Wenn Sie jetzt diese Zeilen lesen, seien Sie sich bewusst, dass dieser heutige Tag in dieser Form nie wiederkehren wird. Ist es da nicht eigentlich unsere Aufgabe, jeden Tag als Fest anzusehen? Jeder Tag wird neu geboren und wird auch wieder sterben. Wenn wir uns dessen bewusst sind, wird unser Leben eine ganz andere Qualität bekommen. Der Wert eines jeden Tages wird sich erhöhen, egal, in welcher Lebenssituation wir uns befinden. Wir fangen an, den Tag mehr zu schätzen. Und das Wertschätzen des Tages fängt bei uns an. Wie beginne ich meinen Tag? Wie nehme ich mich an diesem einzigartigen Tag selbst wahr? Wie gehe ich mit mir um, wie spreche ich mit mir in meinem Innersten? Nehme ich mir morgens Zeit für mich, auch wenn es nur einige Minuten sind? Ober beginnt der Tag mit Stress? Kann ich in Ruhe und Gelassenheit meine morgendliche Dusche nehmen und bin ich, während das warme Wasser auf meinen Körper prasselt, bei mir, schenke ich dabei meinem Körper die Aufmerksamkeit, die er verdient? Oder waren Sie in Gedanken bei den Dingen, die Sie Energie kosten, Sie anstrengen und auffressen?

Wenn es Ihnen, so wie den meisten Menschen, schwerfällt, die Gegenwart zu genießen, dann möchte ich Ihnen folgende Übung anbieten. Nehmen Sie ein Blatt Papier und schreiben sich auf, was Ihnen Kraft *gibt* oder Ihnen Kraft *nimmt.* Machen Sie zwei Spalten auf das Papier, die eine Seite versehen Sie mit einem Minus- und die andere Seite mit einem Pluszeichen. Jetzt schreiben Sie auf die Minusseite, was Ihnen Energie nimmt, und auf die Plusseite, was Ihnen Energie gibt. Indem wir aufschreiben, welche Personen, Umstände, Nahrung, Verhaltensmuster usw. uns Kraft nehmen oder Kraft geben, machen wir uns bereits bewusst, was uns unterstützt und was uns davon abhält, dem Leben mit einem Lachen zu begegnen. Wenn Sie die Liste vollständig ausgefüllt haben, fangen Sie mit kleinen Schritten an, Ihren Tag so zu beginnen und zu gestalten, dass er Ihnen mehr Freude und Kraft gibt als nimmt.

Leider neigen wir dazu, jeden Tag auf die gleiche Art und Weise zu beginnen, und verlieren dadurch das Gefühl für die Einmaligkeit eines jeden Tages. Wenn Sie aber bewusst versuchen, den positiven Aspekten in Ihrem Leben mehr Aufmerksamkeit zu schenken, werden Sie die Festlichkeit eines jeden Tages spüren. In der Folge werden sich dann auch Ihre Gewohnheiten verändern. Das gibt Lebenskraft und Lebensqualität.

An dieser Stelle möchte ich Ihnen eine wunderbare Übung vorstellen, die wir manchmal am Ende einer Stunde in der Lachschule machen: die sogenannte Lachdusche. Sie ist ganz einfach! Sie nehmen Ihren Brausekopf. Oh, wie heißt Ihr Brausekopf eigentlich? Wahrscheinlich Brausekopf, ziemlich anonym, finden Sie nicht? Taufen Sie doch Ihren Brausekopf z. B. Annemarie oder Felix, Sie werden sehen, da bekommt das Duschen eine ganz andere Qualität. Übrigens: Kinder machen solche Dinge, ohne darüber nachzudenken, sie sind noch kreativ und frei. Wir Erwachsenen gestehen uns solche Dinge oft nicht mehr zu. Sie nehmen also Ihren getauften Brausekopf und beginnen beim Abbrausen zu lachen und zu pfeifen. Rollieren Sie mit Ihrem Lachton! Machen Sie ein kleines Fest aus Ihrer Morgendusche. Sie werden merken, es ist etwas ungewohnt, aber Sie werden auch feststellen, dass morgens schon bald mehr Fröhlichkeit in Ihr Badezimmer einkehrt. Den gleichen Effekt hat übrigens das Singen in der Dusche. Worauf es in erster Linie ankommt, ist, dass Sie diese Art der Morgendusche zu einem kleinen Ritual machen und den Tag mit Schwung anfangen. Er wird es Ihnen danken.

Auch die folgenden Lachyoga-Übungen werden Sie darin unterstützen, sich frischer, fröhlicher und energiegeladener zu fühlen. Regelmäßig ausgeführt wird sich Ihre Grundstimmung erhöhen. Denn Sie werden spüren, dass Ihre Fröhlichkeit nicht von anderen Dingen oder Menschen abhängt, sondern in Ihnen selbst steckt.

Die fünf folgenden Übungen eignen sich sehr gut für zu Hause, aber auch zur Ausführung beim Spazierengehen, Wandern oder bei Sportaktivitäten. Zwischen fast jeder Lachübung sollten Sie das tiefe Atmen durchführen, so, wie es im Kapitel »Vorbereitende Übungen« erklärt wird, um den optimalen Nutzen des Lachyogas zu erzielen.

Das Anerkennungslachen

Das anerkennende Lachen ist ein wertbasiertes Lachen, das uns daran erinnert, wie wichtig es ist, sich selbst, aber auch anderen Menschen Anerkennung zu geben. Bei dieser Form des Lachens werden die Spitzen von Zeigefinger und Daumen zu einem kleinen Kreis zusammengelegt. Dann wird die Hand ruckweise vorwärts und rückwärts bewegt. Dabei schauen wir in den Spiegel und lachen uns sanft an, um uns zu zeigen, dass wir uns anerkennen. Diese Übung kann man auch mit einem Partner durchführen bzw. in einer Gruppe. Danach gehen wir fließend zu einer sehr energetisierenden Klatschübung über.

Die »Ho Ho Ha Ha Ha«-Übung

Wir beginnen »Ho Ho Ha Ha Ha« zu sprechen und klatschen dabei rhythmisch in die Hände. Beim Klatschen sollten die Hände ganz offen sein. Es ist eine sehr wärmende Übung, die bestimmte Akupressur-Punkte in der Innenfläche der Hand stimuliert. Das »Ho-Ho-Ha-Ha-Ha«-Sprechen basiert auf einer dynamischen Atemtechnik aus dem Yoga, bei der das Ausatmen doppelt so lange andauert wie das Einatmen. Diese Übung sollte sieben- bis zehnmal hintereinander erfolgen.

Das befreiende Lachen

Beim befreienden Lachen wirft man die Arme hoch und lacht dabei herzlich. Die Arme sollten so weit wie möglich nach außen zeigen, um den Brustkorb zu weiten (wie ein Trichter). Die Arme werden so lange wie möglich in dieser

Stellung gehalten und dabei wechseln Lachen und Atmen ab. Das Ganze sollte dreimal wiederholt werden, wobei jede Wiederholung ca. dreißig bis sechzig Sekunden dauert. Die Übung ist sehr befreiend und entspannend. Auch wenn Sie mal einen Spaziergang in der Natur machen, können Sie mit dieser Übung Kraft schöpfen.

Das Bärenlachen

Wir stellen uns an einen Türstock und rubbeln unseren Rücken an diesem, gehen dabei in die Knie und richten uns dann wieder auf: Die Auf- und Abwärts- und Rubbelbewegung wird durch ein kräftiges, tiefes und kreatives Lachen unterstützt. Auch hier sollten drei Wiederholungen mit ca. dreißig bis sechzig Sekunden Dauer gemacht werden. Diese Übung heitert uns auf und bringt uns in Schwung, da der ganze Körper bei dieser Übung integriert wird. Das ist eine Lieblingsübung vieler Teilnehmer in den regelmäßigen Trainings.

Die »Ja«-Energieübung

Wir stellen uns aufrecht mit erhobener Brust hin und bringen die Hände (nach innen gerichtet) bei gleichzeitigem Einatmen durch die Nase auf die Höhe der Brust nach oben, ziehen das rechte Bein dabei so hoch wie möglich und stoßen an dem höchsten Punkt den Schrei »Ja« so laut wie möglich aus und unterstützen den Schrei mit der Abwärtsbewegung der Arme und des rechten Beines. Beim nächsten »Ja« wechseln wir das Bein und wiederholen die Übung. Die »Ja«-Energieübung sollte je zweimal mit dem rechten und

linken Bein erfolgen. Sie können diese Übung im Geiste unterstützen, z. B. mit den Sätzen: »Ich sage »Ja« zum Leben.«, »Ich sage »Ja« zu mir.«, »Ich sage »Ja« zum Tag.« Diese Übung bringt uns sofort in einen energiereichen Zustand und bejaht das »Jetzt«. Sie können diese Übung auch jedes Mal machen, wenn Sie vor einem wichtigen Termin stehen, so bringen Sie Ihren Körper und Geist umgehend in einen ausgeglichenen Zustand voller Zuversicht in die eigenen Fähigkeiten und Kräfte.

Lachyoga mit dem Partner

Gemeinsame Aktivitäten sind sehr schöne und verbindende Elemente in einer Partnerschaft. Ob Sie miteinander in den Bergen wandern und die Wunder der Natur genießen oder zusammen eine andere Sportart betreiben oder aber auch gemeinsam regelmäßig Lachyoga betreiben (was übrigens schon vielen Paaren die Partnerschaft gerettet hat), es ist eine der wertvollsten Arten von Kommunikation, die es gibt. Dadurch haben Sie Dinge, über die Sie sich unterhalten können, oder beim Wandern in der Natur üben Sie sich gemeinsam in Stille und spüren einander auch ohne Worte. Beim Lachyoga kann man aus sich herausgehen, ohne so sein zu müssen, wie das der Partner vielleicht erwartet. Hier werden Bereiche erobert, die uns vielleicht in der Vergangenheit nicht zugänglich waren. Darüber hinaus lernen Sie hier den Partner auf eine ganz andere Art und Weise kennen. Es können auch die Charaktereigenschaften wieder hervortreten, die man besonders genossen hat, als man frisch verliebt war. Dadurch, dass wir aber meistens so mit dem Alltag beschäftigt sind, gehen die Dinge unter, die wir am anderen so geliebt haben, und die Partnerschaft entwickelt sich oft zu einem Nebeneinanderherleben. Durch gemeinsame Aktivitäten fördert man das Vertrauen und die Offenheit zum Partner. Erfahrungsgemäß nimmt Lachyoga dabei eine ganz besondere Stellung ein, denn es ist zusammen mit dem Partner ein Erlebnis der besonderen Art. Viele Teilnehmer, die zuerst alleine beim Lachyoga waren, brachten zur nächsten Stunde ihren Partner mit. Ich fragte die Paare, was genau ihnen die gemeinsame Lachyoga-Praxis bringt, worauf die meisten antworteten, dass sie ihren Partner noch nie so erlebt und ganz neue Eigenschaften an ihm entdeckt hätten. Durch Partnerübungen lassen wir die Probleme aus einer anderen Perspektive erscheinen. Deutlich wird dies besonders beim Fehlerlachen oder beim Problemlachen. Dadurch war es auch Paaren möglich, einige Dinge nicht mehr so ernst zu sehen, wodurch sich die Partnerschaft entspannen konnte. Genauso kann man natürlich auch einige Übungen benutzen, um den eigenen Partner aus der Reserve zu locken und ihn mit den Übungen, die im Folgenden aufgeführt werden, zu überraschen. Diese Übungen eignen sich übrigens auch sehr gut dazu, um sie beim Spazierengehen, Wandern oder beim Sport zu machen. Auch hier sollte vor jeder Lachübung das tiefe Atmen durchgeführt werden, so, wie es im Kapitel »Vorbereitende Übungen« erklärt wird, um den optimalen Nutzen des Lachyogas zu gewährleisten.

Mit einem lachenden und einem weinenden Auge

Sie kennen bestimmt die Redewendung »Mit einem lachenden und einem weinenden Auge«. Probieren Sie die Übung doch einfach einmal aus: Sie stellen sich mit Ihrem Partner gegenüber voneinander auf. Beide halten mit der rechten Hand das rechte Auge zu, haken sich mit der linken Hand beim Partner ein und fangen an, übertriebenes Weinen vorzutäuschen. Nach ca. fünfzehn Sekunden wechseln Sie so schnell wie möglich das Auge und die Hand (d. h., Sie halten sich jetzt mit der linken Hand das linke Auge zu und haken sich mit der rechten bei Ihrem Partner ein) und fangen dann ohne Grund mit lautem Lachen an, auch wieder ca. fünfzehn Sekunden. Dann wechseln Sie wieder die Hand zum Weinen. Der Wechsel sollte drei- bis viermal wiederholt werden. Er dient dazu, die Stimmung zu verändern und die beiden Gehirnhälften durch das Wechseln zu verbinden.

»Ho Ho Ha Ha Ha«-Cherie

Wir sprechen bei dieser Übung »Ho«, klatschen gleichzeitig die rechte Hand vom Partner ab, mit dem nächsten »Ho« klatschen wir die linke Hand vom Partner ab und danach dreimal mit einem »Ha Ha Ha« in beide Hände. Das Klatschen und Sprechen sollte rhythmisch und laut erfolgen und mit einem Lächeln unterstützt werden. So bringt man sich gemeinsam sehr schnell in Schwung.

Das Vorbeugelachen

Vorbereitung: Wir stellen uns gegenüber voneinander auf. Jeder nimmt die Hände an die Knie und beugt sich nach vorne. Die Partner müssen einander so nah gegenüberstehen, dass sie sich, wenn sie sich nach vorne beugen, mit den Köpfen berühren. Danach gehen wir wieder in die Ausgangsposition. Dann stehen wir uns aufrecht gegenüber, schauen uns an und fangen mit einem leisen, gemäßigten Lächeln an, beugen uns immer weiter nach vorne, bis sich unsere Köpfe wieder berühren. Je weiter wir uns zur Mitte beugen, umso lauter wird unser Lachen. Sobald unsere Köpfe aneinanderliegen, lachen wir ganz laut. Nun verweilen wir in dieser Position, machen, wenn möglich, einen Katzenbuckel und nehmen fünf tiefe Atemzüge durch die Nase (der Katzenbuckel ermöglicht eine sehr tiefe Atmung, Sie spüren, wie die Rückenflanken sich öffnen). Wenn wir fertig geatmet haben, gehen wir mit gemäßigtem Lachen wieder nach oben, werden dabei wieder lauter, bis wir uns wieder anschauen, ganz laut lachen und uns die Hände reichen.

Das Bärenlachen zu zweit

Das Bärenlachen zu zweit bringt viel Spaß und stellt eine wundervolle Möglichkeit dar, um sich einmal auf herzerfrischende Weise auszutoben. Für die Übung stellen wir uns Rücken an Rücken und rubbeln unseren Rücken gegenseitig ab. Dabei gehen wir in die Knie, rauf und runter. Die Auf- und Abwärts- und Rubbelbewegung wird durch ein kräftiges, tiefes und kreatives Bärenlachen unterstützt. Die Übung sollte dreimal wiederholt werden und ungefähr eine Minute dauern. Diese Übung heitert auf und bringt uns in Schwung, da der ganze Körper dabei integriert ist.

Das Fechtlachen

Stellen Sie sich vor, Sie leben zu Zeiten der Piraten und Könige. Sie stellen sich mit einem Ausfallschritt gegenüber voneinander auf, nehmen den imaginären Hut vom Kopf und begrüßen Ihren Partner mit einer tiefen Verbeugung als Zeichen der Begrüßung und Achtung. Sie richten sich wieder auf, setzen den Hut auf, ziehen Ihren imaginären Säbel, nehmen die Fechtstellung ein (linke oder rechte Hand in die Hüfte) und fangen an, den Partner zu attackieren, der Ihnen natürlich ausweicht. Sie versuchen, sich durchzusetzen, springen umher mit Drehungen, stechen zu, aber da-

neben, und ziehen alle Register Ihrer Fechtkünste. Nach ungefähr zwei bis drei Minuten ist der Kampf vorbei und ist unentschieden ausgegangen. Sie stecken Ihren Säbel ein, nehmen wieder den Hut vom Kopf, bedanken sich und setzen den Hut wieder auf.

Diese Übung kommt bei meinen Seminaren besonders gut an, und es ist eine wahre Freude, zu sehen, wie sich die Paare hier austoben. Dynamisch ausgeführt, bringt die Übung darüber hinaus den Kreislauf in Schwung und dehnt die Schulterpartien.

Das Fehlerlachen

Wir stellen uns wieder gegenüber voneinander auf und jeder nimmt beide Hände auf den Kopf. Wir halten Blickkon-

takt und nehmen die rechte Hand vom Kopf, strecken sie aus und sprechen »meine Fehler«, nehmen dann die rechte Hand wieder auf den Kopf. Jetzt nehmen wir die linke Hand vom Kopf, strecken sie aus und sprechen »deine Fehler« und nehmen die Hand wieder zurück auf den Kopf. Das Gleiche machen wir noch mal, jedoch mit dem Ausspruch »ich lerne von meinen Fehlern« und »ich lerne von deinen Fehlern«. Jetzt reißen wir ruckartig die Hände hoch und lachen die Fehler aus.

Aussagen meiner Teilnehmer zufolge, die regelmäßig diese Übung machen, verändert sich die Einstellung zu Fehlern grundlegend, was ich nur bestätigen kann. Ich habe diese Übung bestimmt schon über tausendmal gemacht und kann Ihnen nur dazu raten. Sie macht das Leben leichter.

Das Vertrautheitslachen

Sie stellen sich gegenüber voneinander auf und halten innigen Augenkontakt. Der eine legt seine Hände vertrauensvoll in die Hände des anderen (einmal die Handflächen oben, einmal unten). Sie fangen an, sich in dieser Position anzulächeln, und schwingen leicht mit den Händen hin und her. Sie steigern das Lächeln zum Lachen und schwingen immer kräftiger die Arme nach rechts und links und beginnen dann, sich dazu rhythmisch zu bewegen. Dann bewegen Sie sich immer dynamischer und beginnen, sich dabei zu drehen. Zum Schluss, wenn Sie außer Atem sind, umarmen Sie sich so, dass Herz auf Herz gedrückt ist, die Bäuche sich berühren und lachen noch mal herzlich, sodass Sie die Auf- und Abwärtsbewegungen der Bauchmuskeln des Partners spüren. Es gibt Teilnehmer, die die Nähe und die Bewegungen so sehr genießen, dass sie die Übung gar nicht beenden wollen. Genau das wünsche ich Ihnen von Herzen.

Lachyoga in der Gruppe

Was ist Lachyoga in der Gruppe?

Immer mehr Menschen ziehen sich zurück. Die Idee des Familienlebens wird nur noch selten gelebt. Es hat noch nie so viele Singles gegeben wie in unserer Zeit. Immer mehr ältere Menschen genießen nicht mehr den Halt ihrer Familie, sind stattdessen allein und finden nur sehr schwer Anschluss. Manche wählen diese Einsamkeit bewusst, sind damit aber trotzdem nicht glücklich – mit Ausnahmen natürlich. Arbeitet man mit Gruppen, in welchem Bereich auch immer, kann man feststellen, wie gut es dem Menschen tut, sich mit anderen auszutauschen und zu bewegen. Eine amerikanische Studie zeigt, dass Menschen ohne soziale Kontakte bis zu fünfzehn Jahre früher sterben, kurzum, der Mensch braucht sozialen Kontakt, um richtig gesund zu sein. Ich denke, wir wissen das alle sowieso. Der Grund, warum wir uns dennoch häufig zurückziehen, ist vor allem der Leistungsdruck in unserer Gesellschaft, aber auch die Tatsache, dass wir uns oft nicht so geben können oder dürfen, wie wir wirklich sind. Wir tragen häufig Masken, um gewissen Umständen und Personen gerecht zu werden bzw. so zu sein, wie es von uns erwartet wird. Dieses Aufrechterhalten von Masken kostet sehr viel Energie und macht uns keineswegs glücklich. *Lassen Sie uns doch einfach so sein, wie wir sind!* Und genau dazu möchte ich Ihnen jede Menge Mut machen bzw. Sie einladen, einmal das Yogalachen in der Gruppe zu genießen. Denn in einer solchen Gruppe dürfen Sie so sein, wie Sie sind. Hier gibt es keine Hierarchien, keinen Status, der besagt, dass einer besser oder schlechter, dünner oder dicker, größer oder kleiner zu sein hat. Hier sind alle gleich und haben miteinander viel Spaß. Dabei macht jeder die Übungen in seinem Tempo und mit seiner eigenen Intensität. Jeder wird anerkannt und spielerisch integriert. Vom Patienten über den Gesunden, vom Arbeitslosen bis zur Top-Führungskraft. In einer Gruppe mit lauter Sehenden konnte ich erst kürzlich beobachten, wie schnell und vertrauensvoll ein fast blinder Teilnehmer von der Gruppe integriert wurde. Viele Male hat sich gezeigt, dass wildfremde Menschen viel Freude miteinander haben können! Und zum Glück findet die Lachbewegung weltweit immer mehr Beachtung und Befürworter. Holen auch Sie sich die Freiheit und die Freude in Ihr Leben und seien Sie, wie Sie sind. Viel zu lachen ist Ihr Geburtsrecht.

Nun möchte ich Ihnen einige Lachyoga-Übungen aufzeigen, die sich besonders gut eignen, um sie in der Gruppe auszuführen. Zwischen jeder Lachübung sollten die tiefe Atmung sowie die »Ho Ho Ha Ha Ha«-Übung durchgeführt werden, so, wie sie im Kapitel »Vorbereitende Übungen« beschrieben wurden, um den optimalen Nutzen des Lachyogas zu erzielen.

Das Begrüßungslachen

Wir stellen uns im Kreis auf und gehen auf das Kommando »eins, zwei, drei« durcheinander. Dabei suchen wir uns einen Teilnehmer aus der Gruppe, geben ihm die Hand, schauen ihm so lange wie möglich tief in die Augen und lachen ihn herzlich an. Gleichzeitig schütteln wir ihm die Hände, als würden wir ihn begrüßen. Das Schütteln kann durchaus dynamisch sein, das Lachen ebenfalls. Nach ca. dreißig bis vierzig Sekunden wird der Partner gewechselt. Führen Sie das Begrüßungslachen möglichst mit drei Teilnehmern aus, die Sie nicht oder nur flüchtig kennen. Diese Übung führt zu einer äußerst positiven Stimmung gleich am Anfang der Gruppenübung.

»Ho Ho Ha Ha Ha«-Kreisel

Wir stellen uns wieder in einen Kreis, halten die Arme im 90-Grad-Winkel dem Teilnehmer jeweils rechts und links entgegen, sprechen »Ho Ho« und klatschen gleichzeitig rhythmisch die Hände mit denen unserer beiden Nachbarn zusammen, dann sprechen wir »Ha Ha Ha« und klatschen rhythmisch selbst in die Hände. Diese Übung wird siebenmal wiederholt. Auch diese Übung dient dazu, eine positive Energie aufzubauen und ein Gemeinsamkeitsgefühl zu erzeugen.

Kauderwelsch-Lachen (Giberisch)

Die Teilnehmer gehen auf das Kommando »eins, zwei, drei« umher, treffen sich und beginnen, sich lebhaft über etwas zu unterhalten und auszutauschen. Dafür kann vorher ein Thema gegeben werden, z. B. das Wetter oder die bevorstehenden Ferien. Es wird dabei aber nicht gesprochen, sondern in einem unverständlichen Kauderwelsch geredet, begleitet von ausdrucksstarker Gestik und Mimik. Diese Übung führt automatisch zu herzlichem Lachen. Die Diskussion sollte ca. zwei bis drei Minuten dauern, danach wird der Partner gewechselt. Diese Übung dient dazu, auch bei sehr rational geprägten Menschen den Intellekt auszuschalten.

Milchshake-Lachen

Wir stellen uns wieder in einen Kreis. Jeder Teilnehmer hält in den ausgebreiteten Händen rechts und links ein großes imaginäres Mixglas und mixt sich einen Lachcocktail zusammen – mit einem lauten »Yeep« oder »Yeah« erst von rechts nach links, dann wieder von links nach rechts. Dann heben wir das Glas und schütten lachend den Inhalt in uns hinein. Dabei liegt der Daumen unter dem Oberkiefer, der Oberkörper ist zurückgelehnt, Hals und Oberkörper bilden eine Linie, also nicht den Hals nach hinten überdehnen! Dies kann

man auch mit den fünf verschiedenen Lacharten durchführen: dem Hihihi, Hehehe, Hahaha, Hohoho und Huhuhu – ein inneres Jogging durch den ganzen Körper.

Das Löwenlachen

Abgeleitet von einer Yogaposition, die als Simha Mudra, die sogenannte Löwenhaltung bekannt ist. Man streckt bei weit geöffnetem Mund die Zunge so weit wie möglich heraus und begibt sich zu einem der anderen Teilnehmer. Mit weit geöffneten Augen bewegt man die gespreizten Hände wie die Tatzen eines Löwen neben dem Gesicht, faucht wie ein Löwe und lacht dann »hähähä« tief aus dem Bauch heraus. Die Übung sollte ca. dreißig bis vierzig Sekunden dauern, danach macht man sie noch einmal mit einem anderen Partner. Dies ist eine gute Übung für Gesichtmuskulatur, Zunge und Kehle. Sie fördert die Durchblutung der Schilddrüse und beugt Erkältungen vor.

Der Lachstern

Wir legen Matten oder Decken als Stern aus, stellen uns im Kreis auf und stellen uns vor, dass wir Borkenkäfer auf einem hohen Baumwipfel sind. Es geht ein stürmischer Wind, und alle Versuche, sich irgendwo festzuhalten, sind sinnlos. So fallen wir langsam zu Boden, natürlich auf den Rücken, Kopf an Kopf mit unseren Käferkollegen. Da wir so ungern auf dem Rücken liegen, fangen wir an, mit allen vieren zu strampeln. Nach ca. ein bis zwei Minuten hören wir mit dem Strampeln auf und bleiben ruhig liegen, zur Lachentspannung. Die Lachdynamik der vorangegange-

nen Übungen führt meistens dazu, dass die ganze Gruppe bei der Entspannung unweigerlich in ein schallendes, ansteckendes, lautes Lachen ausbricht. Eine Lachwelle nach der anderen entsteht. Wir bezeichnen das auch als Lachkür, das freie Lachen ohne Grund. Es ist schön für die Teilnehmer, den Wechsel der Energie zu spüren und sich ihr überlassen zu dürfen. Das schafft Vertrauen in die Gruppe und in sich selbst.

Aufsteigendes Lachen

Die Teilnehmer stehen im Kreis und nehmen etwas »Anlauf«, indem sie die Arme nach hinten halten und etwas in die Knie gehen. Dann stürmen alle mit einem »Aeheheh« in die Mitte des Raumes, heben dabei die Arme hoch, hüpfen in die Höhe und lachen dabei laut heraus. Diese Übung wird dreimal wiederholt mit verschiedenen Themen, z. B. wir la-

chen für all die Menschen, die heute aus bestimmten Gründen nicht lachen können, oder für den Frieden auf der Welt. Zum Schluss lachen wir für uns! Diese Übung dehnt noch einmal alle Körperpartien und ist eine sehr schöne abschließende Übung.

Lachyoga im Arbeitsleben

Den größten Teil unseres Lebens verbringen wir am Arbeitsplatz und dort sind die meisten auch dem größten Stress ausgesetzt. Yogalachen ist eine der wirtschaftlichsten, zeitsparendsten und am leichtesten zu praktizierenden Maßnahmen zum Stressmanagement. Die Idee »Management by Freude« bekommt immer größeren Zuspruch. Auch wenn das Thema bei vielen Firmen noch auf einigen Widerstand stößt, hauptsächlich, weil viele Führungskräfte Angst haben, dass darunter die Ernsthaftigkeit und Bereitschaft zur Arbeit oder aber die Autorität der Führungskräfte leiden, wird das Interesse größer. Denn gerade das Gegenteil ist der Fall. Freudiges Lachen ist der positivste Gefühlszustand des Menschen. Freude ist die höchste Motivation für Mitarbeiter in der Arbeitswelt. Die Führungskraft, die es versteht, im Unternehmen, im Mitarbeiterteam Freude und Lachen dauerhaft zu erzeugen, hat den Gipfel der Motivation erreicht. Im Berufsleben summieren sich die Faktoren, die eine Belastung für die Gesundheit darstellen, wie z. B. Stress, Verlust des Arbeitsplatzes, Mobbing und Angst vor eigenen Fehlern. Einige Firmen, vor allem in Amerika, Indien, Japan, Schweden und Dänemark, haben diese Problematik schon länger erkannt und führen regelmäßige Humortrainings und Theaterworkshops sowie regelmäßiges Yogalachen durch. Durch das Praktizieren dieser Elemente ist es möglich, den natürlichen Wechsel von Spannung und Entspannung in uns wieder zu trainieren, der so wichtig ist für ein ausgeglichenes und gesundes Leben. Gönnen Sie sich auch an Ihrem Arbeitsplatz diesen Wechsel von Spannung und Entspannung, nur so können Sie Höchstleistungen vollbringen. Übernehmen Sie auch in diesem Bereich Verantwortung für sich selbst. Die folgenden Übungen sollen eine kleine Anregung dafür sein, wie man mit wenig Aufwand gemeinsam mit den Arbeitskollegen Lachyoga praktizieren kann und sich dabei nicht nur entspannt, sondern auch den Teamgedanken fördert. Viel Spaß!

Zwischen jeder Lachübung sollte das tiefe Atmen durchgeführt werden, wie es im Kapitel »Vorbereitende Übungen« erklärt wird, um den optimalen Nutzen des Lachyogas zu erzielen. Gerne können Sie auch die Übungen aus den vorigen Kapiteln am Arbeitsplatz ausprobieren.

»Ho Ho Ha Ha Ha«-Frühstück

Wir begrüßen unseren Kollegen mit der »Ho Ho Ha Ha Ha«-Übung. Dazu stellen wir uns gegenüber voneinander auf und klatschen uns mit beiden offenen Händen ab. Wir sprechen dabei wieder »Ho Ho Ha Ha Ha«. Das bringt sofort Schwung ins Büro oder an den Arbeitsplatz. Viele Menschen machen weltweit Rituale, wenn sie sich begegnen. Warum nicht dieses zu Anfang eines Arbeitstages?

Das Hüftlachen

Auch diese Übung ist sehr anregend, gerade dann, wenn man lange gesessen hat. Wir stellen uns nebeneinander, Hüfte an Hüfte, bewegen uns hin und her, heben dabei die Arme, schauen uns in die Augen und lachen uns an. Nach ca. dreißig bis vierzig Sekunden wechseln wir die Seiten.

Sich die Hucke voll lachen

Wir alle kennen diese Redewendung: Warum sie nur aussprechen? Einfach tun! Wir stellen uns hintereinander auf,

wobei der Vordermann sich nach vorne beugt. Der Hintermann klopft den Rücken vom Vordermann ab und lacht mit dem Klopfrhythmus. Ist die Hucke des Vordermanns voll, wird die Hucke gewechselt, und jetzt klopft der Vordermann den Hintermann ab. Das Abklopfen des Rückens erfrischt und ist eine ideale Übung für zwischendurch.

Schimpflachen

Das Schimpflachen dient uns als Möglichkeit, Streit zu simulieren und ihn – falls es dazu kommt – mit dem nötigen Abstand zu sehen und die Situation zu entschärfen. Wir heben hierzu mit ausgestrecktem Zeigefinger die rechte oder linke Hand, stellen uns gegenüber voneinander auf, halten Augenkontakt, atmen tief ein, platzen mit einem hämischen Lachen heraus und fuchteln dabei vor dem Gesicht des anderen herum und tun so, als würden wir mit ihm schimpfen. Immer wieder fuchteln und lachen wir gleichzeitig. Die Übung endet meisten mit einem breiten Grinsen der Schimpfenden. Auch diese Übung basiert sehr stark auf Spannung und Entspannung und fördert das tiefe Atmen.

Das Verzeihungslachen

Bei dieser Übung geht es darum, dass wir uns entschuldigen sollten, wenn wir mit jemandem streiten, um zu sagen, dass es nicht so gemeint ist. Beim Verzeihungslachen begegnen wir uns mit gekreuzten Armen vor der Brust, greifen an die Ohrläppchen, ziehen abwechselnd das linke und rechte Knie nach oben und schenken uns ein herzliches Lachen.

Das Abklatschen

Diese Übung bringt den letzten Schwung für ein energiereiches, frisches Weiterarbeiten. Wir begegnen uns, strecken uns den rechten Arm entgegen, klatschen uns mit Schwung an der Hand ab und gehen aneinander vorbei, drehen um und machen das Ganze mit dem linken Arm und der linken Hand. Dabei sagen wir laut »Jaaa« und schenken uns ein Lachen. Die Übung können wir öfter wiederholen. Sie fördert das Zusammengehörigkeitsgefühl.

Nachwort zu den Übungen

Wir alle kennen das Gefühl, wenn wir uns wohlfühlen. Die Welt und unser Leben erscheinen dann in einem wunderbaren Licht. Alles ist in Ordnung, und wir haben Kraft und Elan, den Tag zu meistern. Die alles entscheidende Frage ist nur: Entsteht unser Wohlgefühl durch äußere Umstände oder stellen wir dieses Wohlgefühl selbst her? In unserer Gesellschaft kann man immer mehr beobachten, dass äußere Umstände die Menschen beherrschen. Das heißt, wir reagieren auf das, was von außen an uns herangetragen wird, und fühlen uns dann entweder gut oder schlecht. Wenn wir uns jedoch langfristig wirklich glücklich und wohlfühlen wollen, wird es uns nicht erspart bleiben, unser Leben aktiv in die Hand zu nehmen und zu agieren, statt zu reagieren.

Mit Lachyoga fangen Sie aktiv an, Hemmungen und Blockaden, die in uns allen sind, zu überwinden und Ihr Leben selbst zu gestalten. Es ist, als würden Sie in einem großen Schloss mit Hunderten von Zimmern wohnen. Als kleines Kind durften Sie in alle Zimmer, bis dann etliche nach und nach versperrt und die Zimmer und das Schöne in ihnen immer weniger wurden. Sperren Sie alle Zimmer in Ihrem Schloss wieder auf und genießen Sie die Einzigartigkeit, die Ihre Person ausmacht. Natürlich gehört dazu auch Mut, aber es lohnt sich. Wir haben keine Angst vor unserem Unvermögen, sondern vor unserem Vermögen, das wir alle in uns tragen. Lassen wir unsere Einzigartigkeit zu, werden sich alle

Zimmer in unserem Schloss wieder öffnen und das Leben wird sich immer gut anfühlen und sich wieder zum Positiven wandeln, wenn es einmal nicht so ist.

Schlusszitat

»Wenn du willst, was du noch nie gehabt hast, dann tu, was du noch nie getan hast.«

Stellen Sie eine neue Regel für Ihr Leben auf:
Genießen Sie das Leben, was auch immer geschehen mag!

Denn:
»Die wirklich Großen sind diejenigen, die andere zum Lachen bringen und überall Fröhlichkeit verbreiten, ohne jemals zu befürchten, dass sie dadurch an Macht oder Ansehen verlieren können.«

Niccel

Informationen rund ums Thema

www.lebe-dein-lachen.de

www.muenchner-lachschule.de

www.humorcare.com

www.hoho-haha.de

Übungsverzeichnis